责任催我成长

主编　田树林　姚润平　鲁重鑫

重庆大学出版社

图书在版编目（CIP）数据

责任催我成长 / 田树林，姚润平，鲁重鑫主编 . -- 重庆：重庆大学
出版社，2020.9
ISBN 978-7-5689-1943-2

Ⅰ . ①责…　Ⅱ . ①田…②姚…③鲁…　Ⅲ . ①德育—中学—教材
Ⅳ . ① G631

中国版本图书馆 CIP 数据核字（2020）第 156651 号

责任催我成长
ZEREN CUI WO CHENGZHANG

主　编　田树林　姚润平　鲁重鑫
副主编　秦德洪　刘道可　李素冰
策划编辑：陈　曦
责任编辑：夏　宇　李春燕　　　版式设计：陈　曦
责任校对：王　倩　　　　　　　责任印制：张　策

＊

重庆大学出版社出版发行
出版人：饶帮华
社址：重庆市沙坪坝区大学城西路21号
邮编：401331
电话：（023）88617190　88617185（中小学）
传真：（023）88617186　88617166
网址：http://www.cqup.com.cn
邮箱：fxk@cqup.com.cn（营销中心）
全国新华书店经销
重庆华林天美印务有限公司印刷

＊

开本：787mm×1092mm　1/16　印张：12　字数：238千
2020年9月第1版　2020年9月第1次印刷
ISBN 978-7-5689-1943-2　定价：35.00元

本书如有印刷、装订等质量问题，本社负责调换

编 委 会

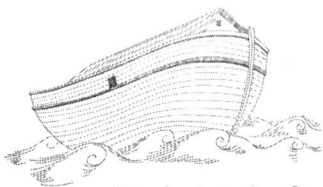

扛着责任出发

　　成就人生的好习惯，是逼出来的；成绩优秀的好方法，是悟出来的；品学兼优的好孩子，是练出来的；一个有责任心的人，是磨砺出来的。习惯也好，方法也好，品德也好，说到底，没有责任心，一切都是无源之水，无本之木。爱，是教育的根本；责任，是教育的源头。

　　今天的你们，离这些好习惯、好方法、好品德还有多远，其实不重要，重要的是，我们如何一步一步去接近。首先从做人做起，成功从小事做起，改变从现在做起。时常怀有责任之心，你会变得更加优秀而高尚。

　　一个没有责任心的人，扛不起家庭的压力，担不起社会的责任，负不起民族的重任。没有责任心，就像行尸走肉。不能对家庭负责，还谈什么孝悌？不能对社会负责，就说不上廉耻！不能对他人负责，就没有信义！不能对国家负责，哪有什么忠诚？没有责任，就没有忠孝礼义廉耻，就不能算一个合格的人。

　　一个人的价值就是担当，一个人的享受就是在担当中感动别人也感动自己。未来的成功者，一定是有责任感的人。我们与其把责任挂在嘴上，不如记在心上；记在心上，不如扛在肩上。现在，就让我们扛着责任出发吧！

　　今天的你，要担当起民族复兴的时代责任。为民族伟大复兴铺路架桥，为祖国建设添砖加瓦，用一生的奋斗，推动中华民族实现从站起来、富起来到强起来的伟大飞跃。

　　今天的你，要担当起社会进步的责任。好好学习，准备当好有理想、有学问、有水平的实干家，准备当好有思想、有情怀、有担当的建设者。尽其所学奉献给祖国，倾其所能服务于人民。

　　今天的你，要担当起修身齐家的责任。准备成为家庭的顶梁柱和家人的希望，努力担当家庭的建设责任，促进家道兴盛、和顺美满，使自己的家庭成为国家发展、民族进步、社会和谐的重要基点。

　　同学们，世界上最可贵的品质是担当，世界上最伟大的行动是担当。担当起责任，是一个人成熟的基本标志。同学们要扛起使命、担起责任，把自己打造成铁骨铮铮、顶天立地的担当者。

明天的你，就是国家的栋梁之材。要把爱国作为自己的立德之源、立功之本，以经世济民、富国安邦为己任，为中华民族伟大复兴贡献聪明才智和正能量。

明天的你，就是社会的中流砥柱。要把事业作为自己的干事之基、创业之本，树立兢兢业业、精益求精的工作态度，认真做好分内之事。

明天的你，就是家庭的中坚力量。要把感恩作为自己的成长动力、事业推力，经营好家庭、孝顺好父母、培育好下一代，真正成为家庭的顶梁柱。

你们要经得起艰苦的磨难。象牙塔外，成年人的世界充满艰辛和复杂，成功者都是内心强大、含泪奔跑的人。生活越艰难，我们的内心就越要灿烂，生活再沧桑，也不能磨灭我们内心的美好追求和向往。

你们要经得起挫折的磨难。世界上没有一帆风顺的航程，我们会遇到挫折甚至失败。我们要树立阳光总在风雨后的信念，努力提升自己战胜逆境、抗击挫折的能力，努力做到越挫越勇，昂首跨越一切挫折和失败。

你们要经得起委屈的磨难。任劳诚可贵，任怨价更高。人的一生中会遇到许多误解和委屈。我们要有博大的胸襟、高远的境界、宏大的格局，化解消极情绪、排解负面能量。

让我们一起始终担起责任，责任越沉重，越需要过硬的本领。

让我们一起始终积极进取，昂扬向上，永葆书卷气，把学习作为生活方式，靠学习走向未来。

让我们一起始终胸怀梦想，紧跟时代，确立高远的人生追求，克服焦虑，追求与时代同行的诗和远方。

让我们一起始终开放胸襟，改革创新，敢冒风险，大胆开拓，不断增强创造性分析和解决问题的能力。

让我们一起始终砥砺前行，知行合一，涵养谦虚谨慎、脚踏实地的优良品性。

同学们，人不担责，何以为人？让我们扛起责任出发，在责任中健康成长。做一个有责任心的永中人，就会更充实、更文明、更优秀。由一群有责任心的永中人来组成一个充满责任的校园，我们永安中学的名字将会更响，我们永安中学的牌子将会更亮！

重庆市奉节永安中学校长　田树林

2019 年 12 月 5 日

序 言

习惯成就人生，状态成就未来，责任成就境界。责任是指应尽的义务，应承担的过失，简言之就是尽责、担责。责任的基础是情感，情感的基础是尊重，尊重的基础是礼仪，礼仪的基础是规则，规则的基础是认同，认同的表象是世界观、人生观、价值观，认同是基础、是起点，规则是条件，礼仪尊重是原则，任务参与是路径，评价是方法。

中学时期是世界观形成的关键时期，也是责任感形成的关键时期。根据认识论基本观点，责任感的形成是一个梯度推进、螺旋上升的过程，每个阶段都遵循认识、实践、内化提高的形成规律。为了让责任教育更具科学性、针对性、系统性，我们编写了这本《责任催我成长》教材，旨在为责任教育实践研究提供一种借鉴和参考。

本书共 7 个部分 42 课，7 个部分分别对应责任教育的 7 个方面，即对自己负责、对家庭负责、对他人负责、对集体负责、对社会负责、对国家负责、对大自然负责，每课以"说一说、讲一讲、做引领、做调查、写反思、搜案例"的方式展开，让学生在"育中学、学中记、记中悟、悟中思、思中行、行中成"。

第一部分"对自己负责"，共六个话题，主要围绕尊重生命、努力学习、文明守纪三个方面展开；第二部分"对家庭负责"，共六个话题，主要围绕尊老爱幼、生活节俭、承担家务三个方面展开；第三部分"对他人负责"，共六个话题，主要围绕团结互助、理解宽容、诚信交往三个方面展开；第四部分"对集体负责"，共六个话题，主要围绕维护荣誉、甘于奉献、积极参与三个方面展开；第五部分"对社会负责"，共六个话题，主要围绕遵守公德、关爱社会、扶贫帮困三个方面展开；第六部分"对国家负责"，共六个话题，主要围绕维护尊严、关心国事、立志成才三个方面展开；第七部分"对大自然负责"，共七个话题，主要围绕保护动物、热爱地球、珍爱植物三个方面展开。

在本书的编写过程中，得到市县教育主管部门的大力支持，得到了重庆市教科院领导和专家的大力支持，在这里一并表示感谢。

姚润平

2019 年 12 月 4 日

目　录

第七部分　对大自然负责

第一部分

对自己负责

第一课　生命是绚丽的花朵

一、说一说生命

1. 诗画生命

生命是世间最神奇的存在，因为生命，世界才变得丰富多彩。每个生命都来自自然孕育，没有高低贵贱，无须自艾自怨。正如山野百花，无论落根平地沃土，还是峭壁悬崖，承雨露滋润，迎风霜怒放，千姿百态，异彩纷呈，黄色的淡雅、白色的高洁、红色的热烈。没有攀比，无须羡慕，更不必妒忌，既来到这里，就要活成美丽的自己。

2. 大家说生命

- 生命，那是自然送给人类去雕琢的宝石。
- 珍惜生命就要珍惜今天。
- 谁能以深刻的内容充实每个瞬间，谁就是在无限地延长自己的生命。
- 人生如一本书，愚蠢者草草翻过，聪明人细细阅读。为何如此？因为他们只能读它一次。
- 身体发肤，受之父母，不敢毁伤，孝之始也。
- 生，我所欲也；义，亦我所欲也。二者不可得兼，舍生而取义者也。
- 视死若生者，烈士之勇也。
- 人生天地之间，若白驹过隙，忽然而已。
- 人的一生，应当像这美丽的花，自己无所求，却给人间以美。
- 生命只有一次，对于谁都是宝贵的。

二、讲一讲故事

1. 关于生命和负责的故事

像墙角的野草一样

珍爱生命，像墙角的野草一样。

墙角下这簇无人留意的野草，常使我感动得唏嘘不已。

这是一个炎热的夏季，持续月余的高温和干旱，使我生活的这座城市燥热难安。河畔的垂柳蔫了，苗圃的花儿萎了，就连广场上人工种养的草，尽管不时有人喷水，仍显得面黄肌瘦，弱不禁风。当我被暑气所逼，下楼来散散心时，围墙边那株扎根瓦砾、头顶烈日的野草，便定格在我的眼中。

这是一簇怎样的草啊！在这遍是水泥砖石、连小蚂蚁都难觅踪迹的地方，它就这样倔强地生长出来。在它的身旁，既没有鲜花的陪伴，也没有灌木的依托，连它的草类同伴也没有，就那样三五棵，簇拥在一起，你依着我，我靠着你，共同迎接烈日的考验。

没有谁会给它浇水，更没有谁会给它施肥，那漫天飞舞的花蝴蝶，都不愿在它身旁做哪怕短暂的停歇。它没有条件生长娇嫩的叶片，可那细瘦的薄叶，片片精神抖擞，那细小的叶脉告诉你，它生存该是多么的艰难。它那部分裸露在地面的根须，因生存环境的贫瘠，显得坚韧而苍老，但却似柔韧又坚强的钢筋，向下、向下，一点一点地汲取生长所需要的养料。

它仿佛在无声地向你诉说，生机是这样的不可扼制，生命是这样的顽强和珍贵。我知道它要向我倾诉什么。无比困厄的环境，无以想象的艰难，无与伦比的勇气，给在红尘俗世中挣扎、跌落、失意的人们以启迪、暗示和鼓舞，生命就是拼搏，就是战胜自己，锤炼自己，升华自己。

我在想，生于斯长于斯的这株野草，一定是那不定的风把那无家可归的种子吹送而来，当它面对的不再是黑黝黝的泥土，便把全部的希望寄托在墙角旮旯里，它珍爱每一束阳光，珍爱每一滴雨露，甚至珍爱每一缕无微不至却又无处不在的清风。当它迎风霜、顶烈日、遭雨雪，而终于挺身而出焕发生命时，又使周遭的环境有了灵气，让那些生长在广袤田野的同宗者相形见绌，黯然失色。春绿秋黄，岁岁枯荣。当严冬来临，它就蛰伏地下，悄悄地积蓄力量，等到来年第一缕春风来临，它又会"春风吹又生"，最早向人们报告春的消息。而一旦将它移植到肥沃的土地上，一定会比那些习惯于和风丽日、未经受艰辛考验的同类显示出更强大的生命力。这是生命过程最大限度的展示，这是有限的生命对无限的理想境界苦苦追求的辉煌展现。

任何一个热爱生命、珍爱生命的人们，难道会在这样的情景面前无动于衷？面对这样顽强坚韧的小草、这样知难不惧的小草，面对这样令人扼腕感叹的生命奇迹，我的心灵受到了极大的震撼和洗礼，感到生命无比充实浑厚，灵魂无比高尚健全……在这样的时刻，任何言语表达都显得苍白无力。

属于人的生命，也只有一次。在这短暂的生命历程中，交织着矛盾和痛苦，充满着求索和艰辛，遍布着荆棘和坎坷，这正如那不为人知、寂寞生长的野草，只有异常沉重的付出，才能换来无比丰硕的甜美。渺小与伟大、可悲与丰富、失意与重塑、挫折与幸运……只有珍爱生命，把握自己，才能告别渺小与可悲、失意和挫折，拥抱伟大、丰富、重塑和幸运。要知道，生命是这样的可贵，连小草也在不断挑战极限、完善自我呵！

她，19 岁，却离不开尿布

年仅 19 岁的小 A，这一年来饱受尿频尿痛的困扰，平均每十分钟就要去一趟厕所，每次的排尿量很少，但不去又会尿感难忍，导致小便失禁。每次出门，她都得背上一大包尿不湿，而且不敢喝一口水，既痛苦又尴尬。

一开始，小 A 以为是自己的肾和膀胱出现了问题，然而她辗转多家医院，甚至连偏方都尝试了，也不见好转。此时，她才意识到——这可能是自己长期吸食 K 粉的后果。

于是，小 A 瞒着家人来到戒毒医院求诊。经过膀胱造影等检查，医生发现她的膀胱容量只有 30 毫升，而正常人的膀胱容量一般有 400~500 毫升，所以极少量的尿液就能让她产生强烈的尿意。

氯胺酮，俗称 K 粉。滥用氯胺酮，会产生分离性幻觉，引发对肺部、心脏、脑部的永久损害，甚至导致死亡。它还会破坏膀胱黏膜，可能导致膀胱萎缩，严重时其容量降低至正常人的十分之一！

患者会因此极度频尿（一天 30~50 次），且排尿时剧痛，有些甚至终身与导尿管和尿布相伴，生活大受影响。

对此有切身体会的吸食者如此描述："尿很急，每次上厕所都像上刑一样钻心的痛，却根本尿不出多少。可不去厕所的话又忍不住，就好像膀胱快憋炸了一样。"

所以，在吸食者群体中流传着这样的话："拉 K 一时，尿布一世！"

为图一时的刺激，却毁掉了整个人生。这样的状况，一大症结就是无视乃至根本不了解毒品的危害。不少青少年乐于出入 KTV、会所、歌城、酒吧之类的场所，总想着找点新鲜、刺激、有个性的玩法，因为好奇、无知、"赶潮流"，学会了吸食 K 粉、麻古、冰毒等毒品。而毒贩们刻意传播的"不会上瘾，对身体无害"等论调，更让他们丧失了警惕……

一时吸食毒品，终身难离尿布。其实这还只算得上毒品的表面伤害，现实中，因为毒品而身体残疾、丧失心智乃至家破人亡的案例更多！

希望大家都能稍微花些时间了解毒品的危害，只有了解毒品，才能远离毒品，免受毒品荼毒！

（网络文摘）

2. 讨论提纲

（1）小草向我们昭示了什么样的生命内涵？

（2）小草生命的顽强体现在哪些方面？

（3）我们如何能够做到像小草一样顽强？

（4）案例中 19 岁女孩的经历对我们有怎样的启示？

（5）举例谈谈我们身边潜藏着哪些需要我们远离的危险？

（6）在面对危险的时候我们的生命真的能像"小草"那样顽强吗？

（7）结合相关名言及自己的理解谈谈"生命是我自己的，我珍惜与否不干别人的事"，这种说法对吗？

（8）你怎样看待社会上那些"一言不合就轻生"的现象？

3. 自由发言

讲讲关于生命的故事。

三、做一个引领

（1）怎样的生命才有价值？

（2）你准备怎样让自己一生活得绚烂多彩？

四、做一个调查

调查一个人群对生命的态度。

问　题	答案A	答案B	答案C	结　论
1.同伴掉进水里，你们都不会游泳，怎么做?	下水救人	找寻救生工具	大声呼叫寻求救援	
2.你平日是怎样过马路的?	左右观察安全通过	看别人走跟着通过	边玩手机想通过就通过	
3.跟家人发生冲突时你会怎么做?	离家出走	不说话，生闷气	平复情绪，反思自己，及时交流	
4.有人向你推荐黄色图文时你会怎么做?	很好奇，欣然接受	相信自己的控制力，看看没关系	毅然拒绝，决不接受	
5.中学生沉迷网络，你觉得怎样?	有害	无害	无所谓	

五、写一篇反思

（1）如果你遇到诱惑会怎么做?

（2）谈谈生命与陷阱的关系。

（3）读了这个故事，有什么感想?

（4）为了健康成长，你对身边的同学有什么好的建议?

六、搜集一个案例

搜集一个关于生命的案例。

第二课 珍爱生命

一、说一说生命

1. 诗画生命

一叶落知天下秋，寒鸦一渡冰雪舞，生命对每个人只有一次，请珍爱生命。也许，对于每个人来说，生命是短暂的，但对于人类生命的长河来说，却是无止境的。让我们掬一捧清泉，品味生命的甘美；让我们拾一粒卵石，抚触时间的脉络。

2. 大家说生命

- 生命不等于是呼吸，生命是活动。
- 生命是一条艰险的狭谷，只有勇敢的人才能通过。
- 一个伟大的灵魂，会强化思想和生命。
- 世界上只有一种英雄主义，那就是了解生命后依然热爱生命的人。
- 我们唯有献出生命，才能得到生命。
- 如能善于利用，生命乃悠长。
- 生命在闪耀中现出绚烂，在平凡中现出真实。
- 寿命的缩短与思想的虚耗成正比。
- 我们的生命只有一次，但我们如能正确地运用它，一次足矣。
- 生命不可能有两次，但许多人连一次也不善于度过。
- 一生包含着一天，一天象征着一生。
- 芸芸众生，孰不爱生？爱生之极，进而爱群。
- 夫君子之行，静以修身，俭以养德，非淡泊无以明志，非宁静无以致远。
- 芸则拔钗沽酒，不动声色，良辰美景，不放轻过。

二、讲一讲故事

1. 一则小故事

这是一个真实的故事，主人公是永安中学高 2013 级的一位学生，为了隐去主人公的真实姓名，我们把他叫作板凳儿吧。后来的确有人叫他："嗨，板凳儿，你好！"他也会欣然答应："嗨！你好。"有时他也会向人介绍自己道："……大家也可以叫我板凳儿。"

因为小时候的一场车祸，他失去了大腿及以下的部分，那年他七岁，上小学二年级。父亲做了两个小板凳，两个小板凳做了他的腿，他就用手拿着它们，一步一步走到了今天。

今天，是个特殊的日子，作为高一的新生，他要去永安中学报到。

父亲陪他从车上下来，走在学校大门口临街的人行道上，叫住他："孩子，从这里到你所在的高一（6）班教室，一共有 103 个台阶，你自己能走上去吗？"板凳儿看着面前长长的石梯，用右手支撑起他的身体，举起左手，做了个胜利的姿势——因为长年用劲，他的手臂粗壮有力；因为没有腿，他的身体显得很轻。他今天很兴奋，上高中了，他是自己考上的重点高中，再难他都要一步一步走上去。上大学学中文，是他的梦想，老师说过，有些专业会受限，但并不影响他读大学，他自己也相信，总有一所大学在等着他。

起程了，这是一段漫长的路程。路人异样的目光，从四面八方聚焦过来，他感觉到，那种像坐针毡一样的感觉，但他并不在意，只是头也不回地往前走，甚至走得很快。他看到路边有个老人，穿一身蓝布衣服，把一个巨大的装着"米泡泡"的塑料口袋抱在胸前，看着他，眼睛里满是慈祥和怜爱。他走过去，花一块钱买了一小袋放进书包里。书包空荡荡的，除了一个笔袋和两个本子。

行色匆匆的学生背着书包从他身边经过，有的没有注意到他的存在，有的只是看了他一眼，竟没有想象中的惊讶表情，仿佛早已熟悉的故人，见怪不怪了。他报以平和的微笑，但心底，他是感激的。他真的希望自己的出现没有引起任何人的关注，就像一个普通学生上学一样平常，就像没有风的水面一样平静。

8 月底的太阳，还是那样明晃晃的，刚刚立秋的天气，还是异常的炎热。走过第二个小平台，衣服就已经湿透了。但他没有停下脚步，他害怕一停下来，就会泄气。那样，路会更加漫长。

终于走进教室，老师和同学用最热烈的方式欢迎了他，还为他布置了一个软布的椅子。自我介绍的时候，老师说，他情况特殊，站在自己的座位上就可以了。但他坚持要走上讲台，像其他同学一样。他站在讲台旁边，看不到下边的同学，他只好一个引体向上，把自己放在讲台前老师的凳子上。这下，他终于可以看到全班同学了，他的脸霎时涨得通红，早准备好的话这时也忘记得一干二净。他就那样呆呆地看着同学，又扭头看看老师，心里说不出的难过。同学们再次用热烈的掌声对他表示鼓励，老师也走过来轻轻地拍拍他的肩头，轻轻地说，就说说你的名字和来这里的心情如何。他一下子想起来了，心情，对，就是自己的心情，是那样的激动和兴奋，还有对未来的憧憬。

高中的生活很艰苦，但他一坐在老师为他准备的椅子上，就感觉到一种力量，这种力量让他觉得没有办法不努力学习。于是，他就这样在这把椅子上，每天努力学习到深夜。在班上，他是一个活跃分子，虽然比别人矮一大截，但他依然仰着头同其他同学聊天，聊难解的数学作业，聊英语单词，或者是语文中的那些典故。他喜欢看书，甚至还偷偷写过小说，因为他知道自己身体的不足，只有知识才能武装头脑，才能让自己不那么弱。所以，他的成绩在班上一直都是中等偏上。老师说，照他这样，走个本科是没有问题的，但他心里并不满足，他想更上一层楼，所以，他一直在暗暗地努力。

一年一度的体艺节来了。他找到老师，说要报名参加歌唱比赛，老师很支持他。但他请求老师为他保密，说要给同学们一个惊喜。从小，他就喜欢唱歌，刚刚失去腿的那一年，父亲为了帮他摆脱阴影，曾经送他去学过几年唱歌，他的歌声很清亮。后来，父亲在看到那个没有双腿但到处唱歌养活自己和家人的网络红人的故事后，想让他也去唱歌，将来好养活自己。但他有自己的主见，他也看了那个人，也挺佩服他的勇气，不过他更喜欢写作。他的志向是做一名作家，靠文字养活自己，滋润自己。他最喜欢的作家是写《百年孤独》的加西亚·马尔克斯，对马尔克斯的身世和故事了如指掌，尤其是马尔克斯成名之前的那段艰苦岁月，马尔克斯的坚持与执着，曾一次次给他前进的力量和活下去的勇气。

他不敢在白天上舞台去排练，只有在晚上。从教室里出来的时候已经很晚了，操场上一个人也没有，他悄悄地走到舞台上，轻轻地哼唱一段。演出那天，他一点点地走向舞台的时候，台下出奇地安静，六千多名同学仿佛没有一点声音，深秋的夜晚，天气已经有些寒冷，他感觉空气在那一刻凝固了。他觉得这路是那样漫长，仿佛是地球到火星的距离。直到他在舞台中央站定，老师和同学们才恍然大悟似的，送给他热烈的掌声。

第一次站在舞台上，面对那么多人，追光灯那么亮，照得他睁不开眼睛，但他的心里却十分平静。音乐响起来，是他最喜欢的《光辉岁月》，这是黄家驹为南非领袖曼德拉创作的一首曲子。他觉得自己融入歌里去了，浑身充满了力量。他的声音感染了观众，大家都跟着他哼唱起来，声音越来越大，最后几乎是合唱了，他没有想到这么多人喜欢这首歌，感到很快乐。

最后，他获得了歌唱类节目一等奖。

高三最后的冲刺。为了少上厕所，他连水都喝得很少；为了节约时间，晚饭常常请同学帮他带一个饼或是一碗方便面；为了多学习一会儿，他五点就起来读书。因为长期坐着不动，他感觉到身体有些吃不消了，但他没有告诉任何人，只是默默地承受着。老师很担心他，常常把自己在食堂里领的那个鸡蛋留给他。他暗下决心，一定不要辜负老师的厚爱。高考将近的一个晚上，已经下了自习很久，他还在教室里看书。当他看完一章，准备从软软的陪伴了他三年的椅子上挪下来回寝室的时候，突然摔倒了！当时教室里仅有的几个同学吓坏了，七手八脚地把他扶起来，他知道是因为刚刚起来的时候，有一点眩晕，但他恳求大家，千万不要告诉老师和其他同学，省得他们担心。

最后，他如愿考上了理想中的大学，双手捧着录取通知书，流下了激动的泪水。

2. 讨论提纲

（1）是什么力量支持着"板凳儿"一直努力？

（2）"板凳儿"的故事告诉我们对待生命应该持怎样的态度？

3. 自由发言

讲一讲身边有关生命的故事。

三、做一个引领

（1）如何看待生命中的挫折与磨难？

（2）假如生活欺骗了你，你该怎样？

（3）生命的长度是有限的，但怎样拓宽生命的宽度呢？

（4）生命对于每个人来说都只有一次，在生活中应如何保护自己？

四、做一个调查

调查一个人群对待生命的态度。

问 题	答案 A	答案 B	答案 C	结 论
1. 如何爱护生命？	不做危险的事	无所谓，命运自有安排	非常害怕，处处小心谨慎	
2. 你怎样看待生命的意义？	做出巨大成就	做一个自由自在、无拘无束的人	有良好的心态，做一些有意义的事	
3. 你从哪里获得爱护生命的方法较多？	网络	老师	父母	
4. 如何评价你对待生命的态度？	非常棒	好	虚度	
5. 你对有关爱护生命的讲座有兴趣吗？	相当热爱	一般	没有	

五、写一篇反思

（1）读了这个故事，你获得什么启示？

（2）关于爱护生命，你有什么建议？

六、搜集一个案例

搜集一个关于生命的案例。

第三课 爱护自己的名誉

一、说一说名誉

1. 诗画名誉

人人有脸树有皮，美名难得要珍惜。

品德高尚是根本，爱物爱人爱自己。

诚实礼貌守公德，举手投足不随意。

同学之间要友爱，别为小事来斗气。

勤劳诚实又认真，知错就改常受益。

祖国名誉更重要，人人有责倍珍惜。

2. 大家说名誉

- 通向荣誉的路上并不铺满鲜花。
- 维护声誉比取得声誉更难。
- 宁可死掉也不能失口毁了自己的名誉。
- 品行是一个人的内在，名誉是一个人的外貌。
- 拥有一个好的名声比拥有金钱更显得重要。
- 一句谎言会毁掉一个正直的人的全部名誉。
- 爱惜衣裳，要从新的时候做起；爱惜名誉，要从小的时候做起。
- 失财产者，损失巨；失朋友者，损失尤巨；失名誉者，则完全损失矣。
- 鸟惜羽毛虎惜皮，为人处世惜名誉。
- 所谓名誉者，是众人对于我的过人之处的承认；若我虽有过人之处，众人不愿意承认，则虽有过人之处，名亦不立。

二、讲一个故事

1. 一则小故事

天知、地知、你知、我知

东汉名士杨震一生公正廉洁，用自己的言行书写了自己的名誉。他任荆州刺史时发现王密才华出众，便向朝廷举荐王密为昌邑（今山东金乡县境）县令。后来他调任东莱太守，途经王密任县令的昌邑时，王密亲赴郊外迎接恩师。晚上，王密前去拜会杨震，两人聊得非常高兴，不知不觉已是深夜。王密准备起身告辞，突然他从怀中捧出黄金，放在桌上，说道："恩师难得光临，我准备了一点小礼，以报栽培之恩。"杨震说："以前正因为我了解你的真才实学，所以才举你为孝廉，希望你做一个廉洁奉公的好官。可你这样做，岂不是违背我的初衷和对你的厚望。你对我最好的回报是为国效力，而不是送给我个人什么东西。"可是王密还坚持说："三更半夜，不会有人知道的，请收下吧！"杨震立刻变得非常严肃，声色俱厉地说："你这是什么话，天知，地知，我知，你知！你怎么可以说没有人知道呢？没有别人在，难道你我的良心就不在了吗？我决不能因这样的事情毁掉自己的名节啊！"王密听了，顿时满脸通红，羞愧难当，赶紧像贼一样溜走了，消失在沉沉的夜幕中。后来，人们听说此事后，十分敬佩这位品德高尚的清官。杨震的子孙为缅怀其清正德操，取堂名为"四知堂"。

杨震做人一身正气，做官一尘不染，做事一丝不苟，珍惜自己的名誉，谨言慎行，赢得了人们的信任、尊敬与爱戴。

2. 讨论提纲

（1）为什么要爱惜名誉？
（2）怎样做才是爱惜名誉？
（3）与同学攀比摆阔是维护自己的名誉吗？为什么？
（4）在老师和同学面前承认自己的错误是损坏自己的名誉吗？谈谈你的看法。

三、做一个引领

（1）对于爱惜自己的名誉你以前做过哪些努力，今后打算怎样做？
（2）你怎样理解"美誉的本质在美德"？

四、做一个调查

调查一个人群对名誉的看法：

问　题	答案 A	答案 B	答案 C	结　论
1. 你认为偶尔抄一次作业会影响自己的名誉吗？	是	也许	否	
2. 受到老师批评时表现出无所谓是在维护自己的名誉吗？	是	也许	否	
3. 犯了错误时，为了自己的名誉你会怎么做？	努力遮掩	寻找借口	坦诚认错	
4. 你会为了自己的名誉而罔顾事实吗？	不会	有时如此	会	
5. 你认为名誉和诚实哪个更重要？	名誉	诚实	不清楚	
6. "个人力量太小，所以个人言行不会对国家名誉造成影响"，你认为这种观点正确吗？	正确	不正确	不清楚	

五、写一篇反思

（1）读了以上故事，有什么感想？

（2）为了健康成长，你对身边的同学有什么好的建议？

六、搜集一个案例

搜集一个关于爱惜名誉的案例。

第四课　文明之花处处开

一、说一说文明

1. 诗画文明

文明是什么？是路上相遇时的微笑，是同学有困难时的热情帮助，是平时与人相处时的亲切，是见到老师时热情的问候，是不小心撞到对方时的一声"对不起"，是自觉将垃圾放入垃圾箱的举动，是看到有人随地吐痰时的主动制止，是在公共场所不大声喧哗……文明是一种品质，是一种修养。文明就是一粒种子，一粒生长和谐的种子，只要大家愿意播种，中华大地上，处处将盛开文明之花。

2. 大家说文明

- 礼貌是一个人在自己的真实思想中进行选择的艺术。
- 礼貌是人类共处的金钥匙。
- 良好的礼貌是由微小的牺牲组成。
- 礼貌是最容易做到的事，也是最珍贵的东西。
- 礼节是所有规范中最微小却最稳定的规范。
- 讲礼貌不会失去什么，却能得到一切。
- 良心是由人的知识和全部生活方式来决定的。
- 自觉心是进步之母，自贱心是堕落之源，故自觉心不可无，自贱心不可有。
- 礼义生于富足，盗窃起于贫穷。
- 天下有大勇者，卒然临之而不惊，无故加之而不怒。
- 礼义廉耻，国之四维，四维不张，国乃灭亡。
- 不是不能见义，怕的是见义而不勇为。
- 不患位之不尊，而患德之不崇；不耻禄之不伙，而耻智之不博。
- 人无礼则不生，事无礼则不成，国家无礼则不宁。
- 知耻近乎勇。
- 人有礼则安，无礼则危。

二、讲一讲故事

1. 读关于文明的故事

一句话的事儿

"一句话的事儿！"常常听人们这样说。一句话能有多大的事，原来不同的话结果也不相同呢。星期三的下午，上完体育课，同学们带着满身的汗水朝教室走去，走到楼梯口，另外几个班的同学也正从这里回教室，一时间，楼梯口堵住了。李可军从小卖部买水回来，一路飞奔回教室，刚刚转过门厅，与迎面走来的吴既南撞个满怀，手里的矿泉水也被撞掉了，两个人收住脚步，李可军急忙说道："对不起！对不起！"吴既南正准备骂人，却也不好意思地说了声"没关系"，顺便把掉在地上的矿泉水捡起来递给李可军。两人彼此并不相识，却因为一声"对不起"，化解了两个人的尴尬以及可能带来的后果。

同样是一句话的事儿。寝室里，晚自习下后甚是热闹：有的在洗衣服，有的在叠衣服，有的在整理床铺，有的在做作业，有的在背单词……张志平因下午扫除没有吃晚饭，正在泡方便面吃。霎时，方便面的香味弥漫了整个寝室，张志平睡的是上铺，此时正坐在下铺上，哧溜哧溜地吃得起劲。没想到方便面盒子下面的缝没有粘好，汤汁一滴一滴地滴在床铺上。床铺是白平的，他才刚刚换的床单，而张志平却浑然不觉。白平从外面提水回来，累得气喘吁吁的，一看自己铺上的酱油水，气不打一处来："滚回自己床铺上去吃！"张志平不知为何，回了一句："你有病啊！那么大声干什么？"然后继续吃他的面。白平可不干了，走上去拉扯张志平，两个人竟然打起来了。同学们好不容易将二人分开，两个人都伤得不轻，到医院共花了一千多块钱。

程门立雪

宋代学者杨时和游酢向程颢、程颐求教。杨时、游酢二人，原是以程颢为师，程颢去世后，他们都已经四十岁，而且已考上进士，然而他们还要去找程颐继续学习。相传，一日杨时、游酢来到书院拜见程颐，但正遇上老先生闭目养神，坐着假寐。这时，外面开始下雪，杨时、游酢求学心切，侍立一旁，不言不动等了半天，程颐才慢慢睁开眼睛，见二人在外站立，吃了一惊："啊，两位还没走？"这时外面的雪已经有一尺多厚了。

千里送鹅毛

"千里送鹅毛"的故事发生在唐朝。当时，云南一少数民族的首领为表示对唐王朝的拥戴，派特使缅伯高向太宗进贡天鹅。

路过沔阳河时，好心的缅伯高把天鹅从笼子里放出来，想给它洗个澡。不料，天鹅展翅飞向高空。缅伯高忙伸手去捉，只扯得几根鹅毛。缅伯高急得顿足捶胸，号啕大哭。随从们劝他说："已经飞走了，哭也没有用，还是想想补救的方法吧。"缅伯高听了，觉得也只能如此。

到了长安，缅伯高拜见唐太宗，并献上礼物。唐太宗见是一个精致的绸缎小包，便令人打开，一看是几根鹅毛和一首小诗。诗曰："天鹅贡唐朝，山高路途遥。沔阳河失宝，倒地哭号啕。上复圣天子，可饶缅伯高。礼轻情意重，千里送鹅毛。"唐太宗不明所以，缅伯高随即讲出事情原委。唐太宗连声说："难能可贵！难能可贵！千里送鹅毛，礼轻情意重！"

2. 讨论提纲

（1）李可军和吴既南之间为什么没有产生冲突？
（2）张志平和白平为什么会有那么大的矛盾？
（3）杨时的故事给了我们什么样的启示？
（4）送人礼物一定是越贵重越好吗？

3. 自由发言

你怎样处理和周围同学的关系？

三、做一个引领

1. 学好文明用语

您好！　　　　　　　　　请！
对不起。　　　　　　　　谢谢！
再见！　　　　　　　　　您早！
晚安！　　　　　　　　　请问您贵姓？
请原谅！　　　　　　　　不用谢！
没关系！　　　　　　　　欢迎您光临！
请多关照！　　　　　　　请多指教！
给您添麻烦了。　　　　　我能为您做什么？
您好，请问您需要帮助吗？

2. 思考

（1）你平时做到使用文明用语了吗？

（2）面对别人不文明的行为，你是怎么做的？

（3）你是如何理解"慎独"的？

四、做一个调查

调查一个人群文明的习惯。

问　　题	答案 A	答案 B	答案 C	结　论
1. 你觉得你在哪些方面做到了文明？	公共场合	任何时候	没怎么养成文明习惯	
2. 你认为文明对一个人最大的影响是什么？	成就	举止修养	良好的心态	
3. 你怎样看待周围的人的不文明行为？	立即指出并要求他改正	无所谓，做好自己就成	别人都不文明，凭什么我要文明	
4. 如何评价你现在的文明习惯？	优秀	良好	不在线	
5. 你对文明故事有兴趣吗？	相当热爱	一般	没有	

五、写一篇反思

（1）读了这几个小故事，你得到什么启示？

（2）关于培养公民的文明素养，你有什么建议？

六、搜集一个案例

搜集一个关于文明的案例。

第五课　好习惯成就人生

一、说一说习惯

1. 诗画习惯

多一个好习惯，就多一份自信；多一个好习惯，就多一份机会；多一个好习惯，就多一份享受生活的能力。一个好习惯，让你获得快乐，在学习中你就不会觉得累，在生活中，面对困难你就不会逃避。好的习惯让自己独自享受成功的同时，也能与同学们一起分享充实和快乐，那样就不会觉得学习是枯燥乏味的。人的一生都应该是不断养成好习惯和改正坏习惯的过程。好习惯伴人一生，引你走向成功。所以养成一个好习惯是对自己负责，也是对未来负责。

2. 大家说习惯

- 习惯的力量是巨大的。
- 习惯是一个人思想与行为的领导者。
- 起先是我们造成习惯，后来是习惯造成我们。
- 习惯真是一种顽强而巨大的力量，它可以主宰人的一生，因此，人从幼年起就应该通过教育培养一种良好的习惯。
- 有什么样的思想，就有什么样的行为；有什么样的行为，就有什么样的习惯；有什么样的习惯，就有什么样的性格；有什么样的性格，就有什么样的命运。
- 成功与失败都源于你所养成的习惯。
- 少成若天性，习惯成自然。
- 思想决定行动，行动养成习惯，习惯形成品质，品质决定命运。
- 教育是什么？就单方面讲，只需一句话，就是要养成良好的习惯。
- 孩子成功教育从好习惯培养开始。
- 好身体是锻炼出来的，好头脑是三思出来的，好习惯是养成出来的，好品德是自律出来的，好才艺是磨炼出来的，好脚板是行走出来的。

二、讲一个故事

1. 两则小故事

习惯的力量

成功是一种习惯，失败也是一种习惯。为何会成功？因为坚持不懈。为何会失败？因为放弃。坚持和放弃都是一种习惯。良好的习惯就是我们走向成功的巨大力量，无怪乎有人说成功与失败的最大区别来自不同的习惯。

一天，一位老师与他年轻的学生一起在树林里散步。老师突然停下来，并仔细看着身边的四株植物。第一株植物是一棵刚刚冒出土的幼苗；第二株植物已经算得上挺拔的小树苗了，它的根牢牢地盘踞在肥沃的土壤中；第三株植物已然枝叶茂盛，差不多与年轻学生一样高大了；第四株植物是一棵巨大的橡树，年轻学生几乎看不到它的树冠。

老师指着第一株植物对他的学生说："把它拔起来。"学生用手指轻松地拔出了幼苗。"现在，拔出第二株植物。"学生听从老师的吩咐，略加力量，便将树苗连根拔起。"好了，现在，拔出第三株植物。"学生用一只手进行了尝试，然后改用双手全力以赴。最后，树木终于倒在了筋疲力尽的他的脚下。"好的，"老师接着说道，"去试一试那棵橡树吧！"学生抬头看了看眼前巨大的橡树，想了想自己刚才拔那棵小得多的树木时已然筋疲力尽，所以他拒绝了老师的提议，甚至没有去做任何尝试。"我的孩子，"老师叹了一口气说道，"你的举动恰恰告诉你，习惯对生活的影响是多么巨大啊！"

其实，我们的习惯就像是故事中的植物一样，幼苗很容易拔除，而随着时间的推移，越是根深蒂固，越是难以根除。故事中的橡树是如此巨大，就像是积久形成的习惯那样令人生畏，让人甚至怯于尝试改变它。值得一提的是，习惯与习惯之间也存在着不同，其中有些习惯比另一些习惯更难以改变。不仅坏习惯如此，好习惯也不例外。也就是说，好习惯一旦养成了，它们也会像故事中的橡树那样，忠诚而牢固。习惯在这种由"幼苗"长成"巨树"的过程中，被重复的次数越多，存在的时间也就越长，它们也就越难以改变。

"点金石"的故事

传说很久以前，有一个人无意间从一本书中得到了有关"点金石"的秘密。据书中记载，在黑海岸边，有一块神奇的石头，能把普通的金属变成黄金。它和其他成千上万块一模一样的石头混在一起，但唯一区别就在于这块石头是温暖的，其他普通的石头都是冰冷的。于是这个人便来到黑海岸边寻找这块神奇的石头。

到了这里之后，他立刻开始了"寻石计划"。饿了，他就到附近讨点东西吃，晚上他就睡在海岸上，醒来就一块又一块地挨着找那块"点金石"。他捡起一块石头，感觉一下，如果不热，就扔到海里。就这样，他日复一日地重复这个动作。转眼间，5年过去了，他还在按部就班地继续着自己的工作，捡起一块石头，确定不是就扔到海里，接着再捡，如此继续……又过了很久，有一天早上，他拾起了一块石头，是热的，可是他连想都没想就一下把石头给扔进了海里！接下来的日子，他继续日复一日地寻找自己心目中那块神石。由于他已经形成了把石头扔进海里的"习惯"，甚至忘记了自己扔石头是为了什么。

这个人的故事岂不可悲！任何一种行为只要不断地重复，就会成为一种习惯。同样的道理，任何一种思想只要不断地重复，也会成为一种习惯，在不知不觉中影响人的行为。

习惯是一柄双刃剑，用得好，它会帮助我们轻松地获得快乐与成功；用得不好，它会使我们的一切努力都白费，甚至能毁掉我们的一生。如果很不幸，你拥有很多坏习惯，那么当坏习惯的恶果在当时或最后显现出来的时候，这样的苦酒只能你一个人去慢慢品尝了。

2. 讨论提纲

（1）第一个故事中幼苗易拔、巨树难移是要阐述什么道理？
（2）从好坏两方面体会巨树难移的意义与影响。
（3）联系第二个故事谈谈习惯常常在什么样的情况下养成，我们在生活中应该注意些什么？
（4）你想过为什么坏习惯容易养成而好习惯难以养成吗？

三、做一个引领

（1）怎样理解"成长的过程其实就是一个不断剔除坏习惯、养成好习惯的过程"？
（2）你发现自身有哪些坏习惯，又有哪些好习惯？

四、做一个调查

调查一个人群对习惯的看法。

问　　题	答案 A	答案 B	答案 C	结　　论
1. 你跟别人交流时的语调是怎样的?	轻声细语	根据心情决定	粗声秽语	
2. 老师在不在教室你的表现是否都一样?	是	有时如此	否	
3. 学习结束时是否收拾学习用具、整理书桌?	是	有时如此	否	
4. 听老师讲课时你会想别的事情吗?	是	有时如此	否	
5. 你认为吃早餐是否对白天的工作学习有影响?	有影响，影响较大	有影响，影响较小	没影响	
6. "个人力量太小，所以个人言行不会对国家名誉造成影响"，你认为这种观点正确吗?	正确	不正确	不清楚	

五、写一篇反思

（1）读了以上故事，有什么感想?

（2）为了健康成长，你对身边的同学有什么好的建议?

六、搜集一个案例

搜集一个关于习惯影响成功的案例。

第六课　学习使人进步

一、说一说学习

1. 诗画学习

学习是把钥匙，为我们打开更广袤、更精彩的科学之门；学习是座灯塔，指引我们正确的人生方向；学习是面镜子，可以正心，修身，养性……学习使人进步，前提是终身不能懈怠。青少年时期，更是学习的黄金时期，是将来立身立业之根本，有言道，将来的你一定会为现在的你的努力而感激不尽。

2. 大家说学习

- 在学习中,在劳动中,在科学中,在为人民的忘我服务中,你可以找到自己的幸福。
- 人不光是靠他生来就拥有的一切,而是靠他从学习中所得到的一切来造就自己。
- 青年是学习智慧的时期,中年是付诸实践的时期。
- 科学研究好像钻木板,有人喜欢钻薄的,而我喜欢钻厚的。
- 学习必须与实干相结合。
- 知识有如人体血液一样的宝贵。人缺少了血液,身体就要衰弱,人缺少了知识,头脑就要枯竭。
- 求学的三个条件是多观察、多吃苦、多研究。
- 科学的自负比起无知的自负来还只能算是谦虚。
- 读书是学习,使用也是学习,而且是更重要的学习。
- 吾尝终日而思矣,不如须臾之所学也。
- 夫学须志也,才须学也。非学无以广才,非志无以成学。
- 学而时习之,不亦说乎?
- 鸟欲高飞先振翅,人求上进先读书。
- 与有肝胆人共事,从无字句处读书。
- 情况是在不断地变化,要使自己的思想适应新的情况,就得学习。

二、讲关于学习的故事

1. 三则小故事

雷海为的故事

2018 年 4 月 4 日晚，备受关注的《中国诗词大会》第三季总决赛转战至央视综合频道黄金时间播出。最终，"外卖小哥"雷海为战胜北大才子、《诗刊》编辑和出口成章的彭敏，意料之外却也情理之中地夺得冠军。

雷海为，1981 年出生，老家湖南。他对诗词的兴趣，是父亲从小培养的。父亲会把古诗写出来，贴在厨房的墙上，教他朗诵。"他希望我能成为一个有文化涵养的人，将山川湖海藏于心中。"2008 年春节过后，他到杭州做"外卖小哥"。在送餐的途中或者间歇的时候，他都会刻意去背诵以前背过的诗词，一来是为了巩固记忆，二来也是为了让工作显得不枯燥、不乏味。诗词对于他而言，就像艰辛独行路上的一盏明灯，既温暖了他的内心，又给予了他不断向前的力量。十几年前，他经济状况不好，但是又热爱古诗词。怎么办？他就到书店把自己喜欢的诗歌背下来，回家再默写到纸上。听完他的故事，主持人董卿不禁评价道："你在读书上花的任何时间，都会在某一个时刻给你回报。"

甘相伟的故事

最近流行一本书叫《站着上北大》，讲的是一名保安考上北大的故事。作者叫甘相伟，出生于山区的农民家庭。由于家庭贫困，高考过后，甘相伟无法继续学业，但他始终知道自己想要的是什么。从小喜爱文学的他，一直向往着美丽的未名湖畔，所以在毕业之后来到了北京，来到了心仪已久的未名湖畔。为了能实现自己考上北大的梦想，他先是在北大当上了保安。虽然他只是个小人物，但他不屈服于命运的安排。在没有资源、毫无背景的情况下，他依靠自己的奋斗和刻苦学习的精神，最后以北大保安身份，考上北大中文系。他在北大这几年，读书写作，写尽自己的心路历程和奋斗痕迹，成为底层小人物的励志典型。从甘相伟身上，我们知道了什么才是真正的"学习改变命运"。

张立勇的故事

还有一个故事是清华厨师张立勇。张立勇在清华大学第十五食堂从事厨师工作，在做厨师期间，在做好本职工作的前提下，在艰难的环境下，他坚持自学英语、法律、计算机等课程。1993 年，张立勇辍学到广州打工挣钱为家里还债。1996 年在叔叔的介绍下，他来到北京，并直接到清华食堂做了一名卖馒头的临时工。在清华，张立勇每天晚上都会去听一些大师和名人的演讲，有的时候下班比较晚，只能站在后面听一些结尾。听了这些大师和名人的演讲，张立勇迅速得到了成长。为了学好英语，他每天早上6点多起床练习，同时还参加清华大学一些英语俱乐部和英语角活动。最后自己努力学习，通过了大学英语四、六级考试，参加托福考试竟然考了630分，这个分数比很多清华在校学生考得还高。一时间，轰动了整个清华大学。在水木清华的BBS上，张立勇的话题瞬间成为热点。有人在BBS上留言：要说还是清华卧虎藏龙，少林有"扫地僧"，清华有"馒头神"。张立勇的故事一时间在各大高校的论坛飞一样地传开了，媒体也开始关注张立勇，社会各界也渐渐地认识了他。2004年10月，共青团中央向张立勇颁发了"中国青年学习成才奖"。他被誉为团中央树立的全国十大杰出学习青年之一，还受到中央电视台《东方之子》《面对面》《新闻会客厅》等有影响的栏目和100多家媒体的采访报道。张立勇能有这样的成就，归功于他的学习力，他在接受记者采访时说到，学习真的可以改变命运，也倡导大家用学习的力量来改变自己的命运。

2. 讨论提纲

（1）雷海为、甘相伟、张立勇的故事说明了什么？

（2）他们有什么共同点？

（3）对于学习，我们应该持什么样的态度？

3. 自由发言

讲讲学习的故事。

三、做一个引领

（1）为什么我们需要学习？学习对个人、工作、生活有什么重要意义？

（2）你有哪些好的学习方法和习惯？说出来和大家分享。

（3）为什么说"一个不读书的民族是没有希望的民族"？

四、做一个调查

调查一个人群对学习的态度。

问　　题	答案 A	答案 B	答案 C	结　　论
1. 你认为该如何对待学习？	全力以赴	只是形式	不用学习，硬闯	
2. 你认为最重要的学习品质是什么？	坚持	刻苦	良好的心态	
3. 如果你是上述三个人中的一个，你会怎么做？	坚持学习，追求梦想	得过且过	努力挣更多的钱	
4. 如何评价你现在的学习状态？	优秀	良好	不在线	
5. 你对学习有兴趣吗？	相当热爱	一般	没有	

五、写一篇反思

（1）读了这几个小故事，你得到什么启示？

（2）关于全民学习，你有什么建议？

六、搜集一个案例

搜集一个关于学习改变命运的案例。

/ 第二部分 /
对家庭负责

第一课 慈母手中线

一、说一说母爱

1. 诗画母爱

有一种爱，叫母爱，她无言、无声、无时、无处。既是废墟中双手撑起的天空，在绝境中为孩子留下生的希望；也是炎夏时轻摇的蒲扇，在生活中替儿女倾尽全心的呵护。如大海，容纳百川；似春雨，润物无声；像春晖，撒布德泽。是一幅水墨画，洗去铅华，恬淡幽远；是一首安神曲，抚平伤痛，蕴藉心灵。是芸芸众生奋进的动力，是飘荡灵魂栖息的归处。以爱之名，引你走向黎明。

谁言寸草心，报得三春晖。在享受母爱的同时，回报母爱，让爱相互传递，使爱的长河奔流不息，浩荡不止。

2. 大家说母爱

- 青春会逝去，爱情会枯萎，友谊的绿叶也会凋零。而一个母亲内心的希望比它们都要长久。
- 我之所有，我之所能，都归功于我天使般的母亲。
- 母爱是女人心中最简单、自然、丰硕、永不衰竭的东西，就像是生命的一大要素。
- 世界上有一种最美丽的声音，那便是母亲的呼唤。
- 一位好母亲抵得上一百个教师。
- 父兮生我，母兮鞠我。抚我畜我，长我育我，顾我复我，出入腹我。欲报之德，昊天罔极。
- 慈母爱子，非为报也。
- 慈母倚门情，游子行路苦。
- 白头老母遮门啼，挽断衫袖留不止。

- 慈母手中线，游子身上衣。临行密密缝，意恐迟迟归。谁言寸草心，报得三春晖。

- 母别子，子别母，白日无光哭声苦。

- 思尔为雏日，高飞背母时。当时父母念，今日尔应知。

- 来时父母知隔生，重著衣裳如送死。

- 父怜母惜掴不得，却生痴笑令人嗟。

- 四岁而孤，母郑，守节自誓，亲诲之学。

- 父母皆艰辛，尤以母为笃。

- 见面怜清瘦，呼儿问苦辛。

二、讲母爱故事

1. 两则小故事

母爱无垠——农妇欲卖肾救女

为让从小患病的女儿好起来，十个春秋里，她一直在细心地照顾着女儿，用伟大的母爱延续着爱女的生命。在检查出女儿患了脑瘫后，面对巨额治疗费，家境贫寒的她没有放弃，决定卖肾脏筹钱拯救爱女。她就是重庆市奉节县青龙镇祝柏村的农妇杨家琼，她用自己柔弱的肩膀，用自己的执着，诠释着感人至深的人间大爱。

2001年1月，青龙镇祝柏村村民杨家琼和丈夫罗云峰有了爱情的结晶，生下可爱的女儿小娇（化名）。

小娇在一岁多的时候，趴在地上不会抬头，手指蜷缩不会抓握。杨家琼和丈夫开始担心了，先后几次把孩子抱到医院进行检查，但都没有查出任何结果，医生只开了一些药给孩子服用。小娇4岁时都还不会走路，看着别人的孩子跑着扑向父母怀里，而自己的孩子却只能待在"轿椅子"里，杨家琼和丈夫心里有一种说不出的痛。

杨家琼的丈夫罗云峰靠下苦力谋生，后来积劳成疾，稍重一点的活儿都不能承受。于是，家中所有的重活全部落在了杨家琼身上，她不仅要操持家务，要下地干活，还要照顾生活不能自理的女儿。

由于医院没有将女儿的病因查明，杨家琼就试着对女儿进行调理，她希望能通过自己的努力让女儿好起来。一有空，杨家琼就会训练女儿走路。刚开始时，杨家琼双手分别拉着女儿的两只手，小心翼翼地让女儿下地，站立不稳的小娇老是摔跟头，有一次甚至将额头摔破了皮，鲜血直流，杨家琼抱起女儿痛哭失声。

"我是妈妈，他是爸爸，那是树……"除了训练女儿走路外，杨家琼还不厌其烦地和女儿说话，虽然女儿并不能听懂什么，但她希望女儿有一天能像正常人一样说话，叫自己一声"妈妈"。

患病的小娇还有一个奇怪的症状，喜欢咬手指和衣服。稍不注意，小娇就会将食指咬得皮破血流。杨家琼看着心里着急，但根本没办法阻止女儿这样做。除了咬手指，小娇还经常把衣服咬得到处是窟窿，而且小娇嘴里长期流着有异味的口水……

十年时间里，杨家琼已经习惯了这一切，她细致入微地照顾着女儿，从不曾说过半句放弃的话。现在，只要用手稍搭一点力牵着，小娇就可以勉强走路了。尽管小娇仍不能说话，但却能听懂母亲所说的话，能够用微笑、点头和摇头来回应母亲。

虽然杨家琼用心良苦，但奇迹并没有在女儿身上过多地出现。直到小娇10岁，仍不能自己下地行走，以前那些怪异的病症并没有得到根本的改变。

春节后，杨家琼向邻居借了2000元钱，和丈夫一起带着孩子来到县城的医院，医生根据孩子的患病情况，叫他们将孩子带到三峡中心医院检查。在三峡中心医院，医生最终确诊小娇患了脑瘫。医生告诉杨家琼，在重庆市范围内，这种病只能作一般的康复训练，并不能进行根本性治疗。若要治疗，只有上北京等地的大医院。医生还表示，这种病在患儿越小时治疗的效果越好，医生责怪杨家琼夫妻俩为何直到孩子这么大了才来医院检查。

"我们那地方信息不灵通，哪里晓得是这个病啊，要是早知道了，哪会挨到现在啊！"捶胸顿足的杨家琼夫妻俩在医院大门前号啕大哭了好一阵儿。

回到奉节后，杨家琼赶紧请会上网的亲戚帮着查询，后得知北京有一家专治脑瘫的医院。杨家琼立即给那家医院打了电话，医院的专家告诉杨家琼，一般的脑瘫患儿都能在该医院得到治疗，效果也较好。但具体恢复情况需要就患儿的患病时间、体质等进行具体诊治，一般情况下一个疗程就能基本康复。当杨家琼向对方了解相关费用时，医院告诉她，一个疗程的治疗费用为5万元。

听到医生这么一说，杨家琼又喜又忧，喜的是孩子的病终于有救了，忧的是，家中早就一贫如洗了，哪里有钱给孩子治病啊！

为了给女儿治病，杨家琼到处筹治疗费。但由于亲戚朋友们都在农村，经济本来就不宽裕，杨家琼几乎跑遍了所有亲戚家，最后好不容易才凑到一万多块钱，这与医院要求的治疗费还差很大一截。左邻右舍纷纷好心劝杨家琼，叫她实在凑不到钱就放弃治疗。但杨家琼并没有因此放弃，她说："医生说这病有可能是在两三个月时发烧引起的，没早到大医院检查延误了最佳治疗时间，我们当妈老汉本来就后悔不已，觉得欠孩子太多了，现在我就是砸锅卖铁也要将孩子的病治好。"

然而，数万元的治疗费却让杨家琼和丈夫一筹莫展。2010年9月底的一天，杨家琼偶然在一张旧报纸上看到有人捐献器官的新闻报道后，她想到自己身体好好的，如果有人需要肾脏的话，可以卖一个换钱给女儿治病。想到这里，杨家琼从多方打听找到记者，希望通过报纸发布她卖肾脏救爱女的消息。

"我现在愿意在不违背道德的情况下，尽一切努力，包括出售一只肾脏或其他身体器官，换到钱来治疗我女儿的病。"杨家琼语气坚定地说。

虽然艰难，但杨家琼始终没有放弃。如今，在康复中心的治疗下，在杨家琼的悉心照顾下，此前完全不能独自站立的小娇已经能够站起来了，一切都在往好的方向发展。

陈斌强——"绑"母上课

1983 年 9 月的一天，磐安县安文镇后坞村，陈斌强和姐姐、妹妹得到一个噩耗：父亲遭遇车祸，不幸辞世。那一年，陈斌强才 7 岁。父亲走了，陈斌强是家里唯一的男子汉，从那以后，他就立志用自己的肩膀，承担起这个家的重担。

初中毕业，陈斌强顺利考进了义乌师范学校。为尽快赚钱，减轻压在母亲身上沉重的生活担子，陈斌强一毕业就继承了父亲未竟的事业，扎根山区教育。学校缺体育教师，他就教体育；缺科学教师，他就教科学；缺语文教师，他就教语文……除了英语，所有的课他都教过了。

时间飞逝，2007 年 4 月的一个周末，陈斌强闻到母亲身上有一股臭味，就问："妈，您好久没洗澡了吧？"母亲只是迟疑一下，笑了笑没什么反应，他也没往心里去，只是有些猜疑：一向爱干净的母亲，怎么突然邋遢起来了？

再后来，母亲的一些症状开始让他担心：本来勤快的母亲突然变得懒洋洋的，时不时会无缘无故地傻笑，会盯着一个地方看上几个小时，更可怕的是有几次，她竟然找不到回家的路。到医院一查，结果如晴天霹雳：母亲患上了老年痴呆症。

医生的话更是让陈斌强觉得五雷轰顶："这种病目前没有特效药，并且是不可逆的，也就是说，情况只会越来越糟，而且病人的存活期一般不会很长。"看着苍老痴呆、生活完全不能自理的母亲，他的心都空了。

此时，陈斌强的姐妹都已远嫁他乡，家中还有一个年迈的奶奶，难道就这样让母亲孤独老去？决不！当时在冷水镇中心学校教书的他做了一个决定："妈，儿子背着您教书去！"

可是难题接踵而至，怎么带母亲到学校？母亲随时会大小便失禁，坐公交车不现实。陈斌强有一辆电动车，又怕她坐上去会摔下来。办法只有一个，拿出小时候母亲曾经用来背过自己的布带，先把母亲绑住，然后再捆在自己身上。就这样，从磐安县城到学校的 30 多公里道路上，他骑着一辆旧电动车，用一根又粗又长的布带将他和母亲紧紧系在一起。

为了照顾母亲，除了上课、睡觉，陈斌强和母亲几乎形影不离。学校特批的一间10平方米的房间，就是老人的小家，陈斌强常去陪伴她。他还在墙上贴了一张母亲的作息时间表，一天要帮母亲上7次厕所，其中3次标注的都是同一句话："别忘了，照顾妈妈。"

夜晚的艰辛，外人更是难以体会。每天晚上9点，陈斌强服侍母亲睡下；凌晨1点，闹钟一响，他就必须准时起床，抱母亲上厕所；清晨5点闹钟再次响起，又要先将母亲房间打扫干净，处理好她的大小便；然后一口一口喂她吃饭；早上7点喂过母亲早饭后，就开始了一天的工作。

有一次，一个学生轻声告诉他："老师，您身上好像有股怪怪的气味。"陈斌强知道，一定是妈妈的大小便沾到自己身上了。这是常有的事，平时他总是换好衣服再去上课，那天时间紧，来不及换衣服，他就匆匆上课去了。

这时学生又紧接着说："老师，没事，这是妈妈的味道。"

听到这句话，陈斌强不禁鼻子一酸，再也忍不住，七尺男儿当着全班学生的面流下了热泪。

妻子见他太辛苦，曾劝说陈斌强将母亲送到养老院，他说："我舍不得。我曾是妈妈的宝贝，现在妈妈是我的宝贝。"如今，母亲的智商仅相当于一岁孩子，一日三餐，他一口一口耐心地喂到母亲嘴里，碰到难咀嚼的食物，自己先嚼烂后，再送到母亲嘴里。每到周五，他会载着母亲回到县城的出租房里，和妻子、儿子团聚。

尽管如此，陈斌强在工作上却丝毫没有懈怠，他教的两个班的语文成绩，连续多年都是当地联考第一名。"孝顺""尽职"，坚守中的陈斌强让人们看到了乡村教师的人性之美和高尚品性。

2012年10月31日，陈斌强调到县城，成为磐安县实验中学的一名教师，这位36岁的孝子终于可以用最方便的方式照料自己的母亲了。有人说，母亲得了老年痴呆，并不知道陈斌强对她有多好。陈斌强说："她也许不认识我是谁，也叫不出我的名字，但她一定知道，这个人对她好，只要这样就够了。"

2. 讨论提纲

（1）杨家琼和陈斌强的行为说明了什么？

（2）杨家琼和陈斌强为什么要那样做？

（3）说说我们身边的母爱。

（4）现在虐童和不赡养老人的事时有发生，对此你想说些什么？

（5）母爱无私，我们应该做些什么去回报？

三、做一个引领

（1）为什么我们需要回报母爱？

（2）谈谈母爱对一个人的重要性。

（3）谈谈你对"百善孝为先"的看法。

（4）当前中学生是否有意识地在回报母爱？是与否请举例说明。

四、做一个调查

调查一个人群对母爱的态度。

问　题	答案A	答案B	答案C	结　论
1.如果你是杨家琼，你会如何做？	毅然放弃	尽全力送女儿就医	犹豫不决	
2.如果你是陈斌强，你会如何选择？	送母亲去养老院	亲自照顾	请保姆照顾	
3.你知道母亲的生日吗？	知道	不知道	大概知道	
4.你赞同"百善孝为先"吗？	同意	不同意	中立意见	
5.你有意识地回报过母爱吗？	有	没有	不在意	

五、写一篇反思

（1）读了上述故事，你有什么感想？

（2）请你为"报得三春晖"提出一些建议。

六、搜集一个故事

搜集一个关于母爱或报答母爱的故事。

第二课　俭以养德

一、说一说节俭

1. 诗画节俭

诸葛亮说："静以修身，俭以养德。"

节俭，是衣物整洁的素雅，是言行举止的自觉，是勤俭节约的品性。是对"谁知盘中餐，粒粒皆辛苦"的尊重，是对"朱门酒肉臭，路有冻死骨"的悲愤，是对"历览前贤国与家，成由勤俭破由奢"的践行。对贫者，是一粥一饭都虔诚的耕耘；对富人，是一言一行都从简的坚持。持身节俭，尤为贵也，对外可以修身，对内可以养德；失去节俭，身外也许金玉，败絮必在其中。

2. 大家说节俭

- 奢侈总是跟随着淫乱，淫乱总是跟随着奢侈。
- 奢侈的必然后果——风化的解体——反过来又引起了趣味的腐化。
- 谁在平日节衣缩食，在穷困时就容易渡过难关；谁在富足时豪华奢侈，在穷困时就会死于饥寒。
- 节俭是你一生中食之不完的美筵。
- 任何节约归根到底是时间的节约。
- 道千乘之国，敬事而信，节用而爱人，使民以时。
- 夫子温良恭俭让以得之。
- 俭节则昌，淫佚则亡。
- 强本而节用，则天不能贫。
- 法其节俭则可，法其服，居其室，无益也。
- 俭则伤事，侈则伤货。
- 侈恶之大，俭为共德。
- 夫君子之行，静以修身，俭以养德。
- 防奸以政，去奢以俭。
- 不勤不俭，无以为人上也。
- 制俗以俭，其弊为奢。

- 俭则寡欲，侈则多欲。
- 由俭入奢易，由奢入俭难。
- 以俭立名，以侈自败。有德者皆由俭来也。
- 惟俭可以助廉，惟恕可以成德。
- 不念居安思危，戒奢以俭；斯以伐根而求木茂，塞源而欲流长也。
- 奢者狼藉俭者安，一凶一吉在眼前。
- 岁丰仍节俭，时泰更销兵。
- 凡不能俭于己者，必妄取于人。

二、讲一讲故事

1. 两则小故事

季文子的故事

季文子出身于三世为相的家庭，是春秋时期鲁国的贵族、著名的外交家，为官 30 多年。他一生俭朴，以节俭为立身的根本，并且要求家人也过俭朴的生活。他穿衣只求朴素整洁，除了朝服以外没有几件像样的衣服，每次外出，所乘坐的车马也极其简单。见他如此节俭，有个叫仲孙它的人对季文子说："你身为上卿，德高望重，但听说你在家里不准妻妾穿丝绸衣服，也不用粮食喂马。你自己也不注重容貌服饰，这样不是显得太寒酸，让别国的人笑话你吗？这样做也有损于我们国家的体面，人家会说鲁国的上卿过的是一种什么样的日子啊。你为什么不改变一下这种生活方式呢？这于己于国都有好处，何乐而不为呢？"

季文子听后淡然一笑，对那人严肃地说："我也希望把家里布置得豪华典雅，但是看看我们国家的百姓，还有许多人吃着粗糙得难以下咽的食物，穿着破旧不堪的衣服，还有人正在受冻挨饿，想到这些，我怎能忍心去为自己添置家产呢？如果平民百姓都粗茶敝衣，而我则妆扮妻妾，精养粮马，这哪里还有为官的良心！况且，我听说一个国家的强盛与光荣，只能通过臣民的高洁品行表现出来，并不是以他们拥有美艳的妻妾和良骥骏马来评定的。既如此，我又怎能接受你的建议呢？"这一番话，说得仲孙它满脸羞愧之色，同时也使得他内心对季文子更加敬重。

此后，他也效仿季文子，十分注重生活的简朴，妻妾只穿用普通布做成的衣服，家里的马匹也只是用谷糠、杂草来喂养。

"布衣院士"卢永根

他是 87 岁的中国科学院院士，著名作物遗传学家。一辈子研究学术，保存了华南地区最大的野生水稻基因库。他是华南农业大学的老校长。13 年间，为学校各项事业发展鞠躬尽瘁，打开了华南农业大学人才培养的新格局。

这样一名老科学家，用无言的行动诠释了人生的意义。他说："党培养了我，将个人财产还给国家，是做最后的贡献。"

因罹患癌症，87 岁的卢永根自觉时日无多，与夫人徐雪宾商量，将毕生积蓄 880 多万元无偿捐献给教育事业。

3 月的一天，卢永根在夫人的搀扶下来到银行，将十多个存折的存款转入华南农业大学的账户。因每笔转账都需输密码、签名，前后足足花了一个半小时。

卢永根夫妇一共捐出 8809446 元，这是华南农业大学建校 108 年来最大的一笔个人捐款。学校用这笔捐款设立了教育基金，用于奖励贫困学生与优秀青年教师。

华南农业大学党委书记李大胜看到卢永根用颤巍巍的手掏出牛皮纸包裹着的一叠存折时，忍不住热泪盈眶。

"很多人不知道，在卢老慷慨捐赠的背后，是近乎苛刻的节约。"卢永根的学生、华南农业大学农学院副教授刘桂富说。

卢永根家里的摆设，还停留在 20 世纪 80 年代：破旧的木沙发、老式电视；铁架子床锈迹斑斑，挂帐子用的竹竿，一头绑着绳子，一头用钉子固定在墙上；几张还在使用的椅子，用铁丝绑了又绑。

去过他家的人，都会产生一种印象：家徒四壁。

前几年，他的同事学生看到卢永根年纪大了，建议请个保姆，有个照应，出门叫上学校配的专车，保障安全。一听这建议，夫妇俩直摇头，继续"我行我素"：卢老背个挎包、头戴遮阳帽，缓缓步行到公交站坐公车，一旦遇上大雨，就挽起裤腿，蹚着雨水回家；徐雪宾则踩着一辆凤凰单车，车铃叮叮当当，响彻华南农业大学校道。这也成为华南农业大学校园的一道亮丽风景。

平日里，这位老校长常常拿着一个半旧饭盒，与学生们一起排队，一荤一素二两饭，在一个不起眼的位置，慢慢地将饭菜吃得干干净净。

和水稻打了一辈子交道，卢永根总会善意提醒那些浪费饭菜的学生："多少棵水稻才能长成一碗米饭？"

"钱都是老两口一点一点省下来的。"卢永根的秘书赵杏娟说，对扶贫和教育，两位老人却格外慷慨，每年都要捐钱。2014 年，卢永根和他哥哥还悄悄将老家两间商铺祖屋捐给了当地小学。

2. 讨论提纲

（1）季文子和卢永根的行为说明了什么？

（2）季文子和卢永根为什么要这么做？他们有何共同点？

（3）说说勤俭持家的现实意义。

（4）现代社会物欲横流，就季文子和卢永根两个人物谈谈你对节俭的看法。

（5）对于节俭，我们应该如何做？

三、做一个引领

（1）为什么我们需要节俭？节俭对一个人、一个家庭是否重要？

（2）节俭对一个家庭有何意义？

（3）在家庭中，我们应该如何践行节俭？

四、做一个调查

调查一个人群对节俭的态度。

问　题	答案A	答案B	答案C	结　论
1.如果你是上述两个人,你会怎么做?	锦衣玉食	节俭朴素	适当节俭,适当奢侈	
2.当今社会,你认为节俭有必要吗?	有	没有	中立态度	
3.生活中的废品,你如何处理?	随手扔掉	积累起来废物利用	积累起来给环保人士	
4.对学校开展的"光盘行动",你如何看?	很有意义	实际意义很小	根本没在意	
5.对于勤俭持家,你有何看法?	无病呻吟	很有必要	无所谓	

五、写一篇反思

（1）读了这两个故事，你有何感想？

（2）对于倡导节俭，你有什么建议？

六、搜集一个案例

搜集一个关于节俭或奢靡的案例。

第三课　劳动光荣

一、说一说劳动

1. 诗画劳动

劳动，是一种美德，是一种光荣，是一次次的奋笔疾书、一天天的早出晚归、一年年的兢兢业业，是炎炎夏日里农田中忙碌的背影，是昏黄灯光下屋舍内忙乱的脚步。它不会因滚落在双颊的汗珠而抹黑，只会在咸涩的汗水中晶莹闪光；不会因面朝黄土的苍老面庞而显得卑微，只会在背向天空的弯曲脊梁中越发伟岸。劳动，是为人的担当，是对家庭的负责。

对勤劳的人而言，劳动是随手而为的，回报家人；对懒惰的人来说，劳动是三令五申，敷衍推诿。疏于劳动，与废人无异；勤于劳动，则幸福无限。

2. 大家说劳动

- 只有人的劳动才是神圣的。
- 劳动是社会中每个人不可避免的义务。
- 既然思想存在于劳动之中，人就要靠劳动而生存。
- 体力劳动是防止一切社会病毒的伟大的消毒剂。
- 劳动永远是人类生活的基础，是创造人类生活和文化幸福的基础。
- 炎夏溽暑不作劳，隆冬腊月要挨饿。
- 春夏耕耘，秋收冬藏，昏晨力作，夜以继日。
- 人生在勤，不索何获？
- 临渊羡鱼，不如退而结网。
- 出不辞劳，入不数功。
- 智如禹汤，不如常耕。
- 业精于勤，荒于嬉；行成于思，毁于随。
- 锄禾日当午，汗滴禾下土。谁知盘中餐，粒粒皆辛苦。
- 君子之处世也，甘恶衣粗食，甘艰苦劳动，斯可以无失矣。

二、讲劳动故事

1. 三则小故事

阳光向上的孝心少年——罗倩

北碚区复兴小学四年级学生罗倩，家住复兴和源社区二期安置房 272 号 12 栋 11-1。家有 70 多岁的爷爷，三级残疾的爸爸，长期住北碚后峰岩精神病院的妈妈。爸爸没有生活费也没能享受低保待遇，只能偶尔去地里帮好心人干点农活挣点钱贴补家用——病情严重时还可能找不到回家的路。全家主要靠爷爷的养老保险生活补助度日。

罗倩年龄虽小，但却早早学会了洗衣服、做饭、打扫卫生，各种家务活样样在行。在生活中，她从未有过多的要求，不乱花钱，不挑吃穿。身上常常穿的是好心人捐赠的衣服，因为个子长得快，衣服短了好长一截却依然在穿。记得小时候，妈妈还住在家里。有一次妈妈又发病了，连自己的女儿也不认识，对着她又打又骂。但她一点儿也不记恨妈妈，还把饭菜端到妈妈面前，吃完后，还帮着收拾碗筷，给妈妈擦去嘴边的饭粒。爸爸收入不高，她从来没有向爸爸要过一样东西。爷爷年龄大了，有时候外出回家晚了，她会到处找爷爷，带爷爷回家。俗话说，穷人的孩子早当家。每天放学回家，罗倩就帮着干些力所能及的家务活，如扫地、擦桌凳、洗碗、煮饭等。尽管做的饭菜的味道不十分可口，但一想到能让年迈的爷爷、生病的爸爸吃上热饭菜，罗倩心里非常欣慰。

家庭的压力并没有让罗倩沮丧，她活泼开朗、乐观向上，在学校还是一位学习成绩优异、心系集体、尊敬师长、团结同学的班干部。2018 年，她荣获"北碚区孝心少年"。

微笑面对坎坷命运的"陀螺女孩"——李升玫

李升玫今年 11 岁，在她刚出生不久，父亲因一次事故导致高位截瘫，母亲也离家出走。从 7 岁开始，小升玫就承担起了照顾家庭的重担——煮饭、洗衣、照顾瘫痪的爸爸。后来，爱心人士捐助了一些陀螺让小升玫售卖，补贴家用，因为这样，认识小升玫的人都亲切地叫她"陀螺女孩"。

志愿者们来到李升玫的学校，此时的小升玫还在上课。长春小学校长王正学说："升玫是一个非常懂事理、惹人爱的小朋友。不仅坚强还很乐观，每天都见她过得很开心，家里这么艰难也没见哭过愁过，还会帮着父亲和哥哥疏导心理；学习成绩也一直保持在中上的位置，没有因为多了很多家务事而耽误学习。"由于不忍打扰孩子们正常上课，志愿者们在教室后面默默旁听了一会儿课程，看着脸庞稚嫩的小升玫随着老师的讲解一会儿皱眉一会儿微笑，真的很难想象她是如何照顾瘫痪在床的父亲，撑起整个家庭的重担的。下课铃声响起，志愿者们与小升玫一起走向回家的路。

来到小升玫的家，爸爸正支着身子守在烟摊前，远远地，小升玫便跑过去与爸爸开心地畅聊起来，讲讲学校里的趣事，问问爸爸在家里有没有乖乖吃饭好好照顾自己，俨然是一个鬼精灵和小大人的模样。志愿者们把送给一家人的米、油，以及两个孩子的冬装和学习用品拎进了家，爸爸不断地说着感谢："本来以为这是一场灾难，我的人生将就此黑暗。没想到老天眷顾，不仅给了我一对这么懂事的儿女，还不断有社会爱心人士和企业的关怀，真的很谢谢你们。"当问到小升玫会不会觉得辛苦，她回头望着爸爸甜甜地笑了："不会啊，我只希望爸爸健健康康地就好了。"

大山深处淳朴的孩子——冉嘉

冉嘉出生在奉节县甲高镇三湾村海拔 1000 多米的大山之巅，家庭贫困。冉嘉原本有一个快乐的家庭，但在她 3 岁时，母亲经受不住家庭窘迫和穷困的生活，无奈离开了家，带走了幼小的妹妹。冉嘉从此失去了母爱，再也没有了整日嬉戏的妹妹在身边，爸爸不得不常年在外打工赚钱，留下冉嘉与体弱多病的奶奶和年迈的爷爷相依为命。为了补贴家用，两位老人依然辛苦地耕作，冉嘉看在眼里，常常偷偷地流泪，并在心里暗暗发誓一定要好好读书。

由于海拔原因，9 月的三湾村已经寒风刺骨，雪花纷飞。水冰得刺骨，但冉嘉总是抢着帮奶奶洗衣服，让奶奶休息一会儿，而奶奶总是偷偷流着感动的泪水。爷爷从地里干活回来，冉嘉也会问问爷爷累不累，渴不渴，然后端上一杯热茶给爷爷，有时爷爷叹气，冉嘉还会说些开心的话把爷爷逗乐……

对冉嘉而言，能够经常见到父亲是她最大的愿望。就在上学期快放假时，冉嘉的爸爸因为外面没事做从外地回来了，孩子心中无比高兴。可待在家里就等于没有了收入来源，爸爸整日愁眉苦脸的。懂事的冉嘉明白爸爸的辛苦和不易，她每天都会在爸爸下完地回家后给他捶捶背，唱唱歌，讲一些笑话逗爸爸开心。

2. 讨论提纲

（1）从罗倩、李升玫和冉嘉身上，你看到了什么，想到了什么？

（2）谈谈你对"穷人的孩子早当家"的看法。

（3）说说我们身边的劳动故事。

（4）对于劳动，中学生应该做些什么？在家里该如何做？

三、做一个引领

（1）都说"穷人的孩子早当家"，劳动是不是穷人家孩子的"专利"？

（2）对于家庭而言，我们应该做些什么？

（3）劳动对个人、家庭有何作用？

（4）失去劳动，对个人、社会、国家有何影响？

四、做一场辩论

辩题：在家里劳动赚钱好不好？

辩论观点提示：

（1）在家中劳动不应成为一个问题。

（2）在家中劳动不是赚钱的途径。

（3）劳动是一种美德。

（4）在家中劳动的意义。

五、写一篇反思

（1）读了这三个事例，你有什么感想？

（2）为了让中学生在家中劳动，对家庭负责，你有何建议？

六、搜集一个故事

搜集一个关于身边同学做家务劳动的故事。

第四课　父爱如山

一、说一说父爱

1. 诗画父爱

父爱如伞，为你遮风挡雨；父爱如雨，为你濯洗心灵；父爱如路，伴你走完人生。恐惧时，父爱是一块踏脚的石；黑暗时，父爱是一盏照明的灯；枯竭时，父爱是一湾生命之水；努力时，父爱是精神上的支柱；成功时，父爱又是鼓励与警钟。

2. 大家说父爱

- 父亲！对上帝，我们无法找到一个比这更神圣的称呼了。

- 一个父亲胜过一百个老师。

- 让自己的儿女们光宗耀祖是父亲们的主要缺点。

- 在所有的青年人眼里，父亲是多么严厉的法官啊！

- 没有哪一个人真正了解自己的父亲，但是，我们大家都有某种推测或某种信任。

- 在批评父辈狭隘的时候，我们切不可忘记他们的深沉。

- 父亲和儿子的感情是截然不同的：父亲爱的是儿子本人，儿子爱的则是对父亲的回忆。

- 对做父亲的人来说，失去父亲不一定就是不幸；对做儿子的人来说，没有儿子也不一定就是痛苦。

- 一个父亲能管好一百个儿子，而一百个儿子却难管一个父亲。

- 每一代人总是反抗自己的父辈，却和祖父交上了朋友。

- 父亲的名声有时无助于儿子，却反而会淹没他：他们彼此站得太近，阴影扼杀了成长。

二、讲一讲故事

1. 一则小故事

小男孩和苹果树

［法］瑞乔·M.约翰

有一棵苹果树。有一个小男孩每天都喜欢来跟苹果树玩。他上树摘苹果吃，在树荫里打盹，他爱这棵苹果树，苹果树也爱他。

时光飞快地过去。小男孩变成了大男孩。他不再跟苹果树玩了。一天，大男孩回到苹果树身旁，他看起来很难过。

"来跟我玩一会儿吧。"苹果树对他说。

"我不是小孩子了，我不会爬树了，我需要玩具，我需要钱买玩具。"大男孩说。

"对不起，我没有钱。不过你可以把我所有的苹果摘下来拿去卖钱。"苹果树回答他。

大男孩打起精神来，他把所有的苹果摘光了，然后快乐地离去。

摘了苹果后，大男孩再没有来看过苹果树，直到他长成一个男人。一天，男人回到苹果树这里。

"来跟我玩一会儿吧。"苹果树对他说。

"我没有时间玩，我要工作来养活我的家庭。我们需要一所房子安身，你能帮助我吗？"男人说。

"对不起，我没有房子。不过你可以砍掉我所有的树枝拿去盖房子。"苹果树回答说。

男人打起精神来，他砍掉了所有的树枝，然后快乐地离去，苹果树心满意足地看着男人的背影。

看到男人快乐，苹果树也非常快乐，不过男人砍了树枝以后再也没有来看过苹果树。苹果树又孤零零了，它很伤心。

一个炎热的夏日，男人回到苹果树这里。苹果树高兴极了。

"来跟我玩一会儿吧。"苹果树对他说。

"我年纪一天比一天大，我想去航海，让自己放松下来。你能给我一条船吗？"男人问。

"用我的树干去做条船吧。你就可以航行到很远的地方，你会快乐的。"

于是男人砍了树干做了条船，他真的去航海了，并且很长时间没有回来。

很多年以后，男人终于回来了。

"对不起，孩子，"苹果树说，"我没有什么可以给你的了，没有苹果给你吃。"

"没关系，我牙齿都掉光了，不能咬苹果了。"男人说。

"也没有树干给你爬。"苹果树说。

"没关系。我太老了，爬不动树了。"男人说。

"我真的没有什么可以给你，只有我快要枯死的树根。"苹果树流着眼泪说。

"我并不需要什么，只要有个地方能坐下来休息一下，经过这么多年，我太累了。"男人回答。

"那好！老树根是最适合歇息的地方了，过来跟我坐一会儿吧。"苹果树高兴地说，含着眼泪对男人微笑着。男人坐了下来，苹果树开心得热泪盈眶……

这是我们每个人的故事，苹果树就是我们的父母。年幼时，我们喜欢跟爸爸妈妈一起玩；长大后，我们离开他们，只在当我们遇到麻烦，有求于他们时才想起回家。但无论如何，父母总是对我们有求必应，竭尽所能地帮助我们渡过难关，给予我们快乐。你可能觉得男孩对苹果树太无情，然而我们又何曾不是那样呢？

2. 讨论提纲

（1）男孩对苹果树做了些什么？

（2）苹果树又是怎样对待男孩的？

（3）这则故事中有句话："苹果树心满意足地看着男人的背影。"男人把树枝砍光了，苹果树为什么还会"心满意足"？

（4）认真读读最后一段，你知道最后一段的含义吗？

（5）"苹果树就是我们的父母"，在你的记忆中，你与父母之间，有过与这个故事类似的感人瞬间吗？请用简洁的语言叙述一个动人的细节。

（6）如果你是男孩，你该怎样对待苹果树？

（7）我们该怎样孝顺父母呢？

3. 自由发言

讲讲父亲疼你的故事，讲讲你与父亲发生不愉快的故事。

三、做一个引领

（1）父亲为什么无条件地爱我们？

（2）你能体会到父爱的伟大吗？

（3）你对父亲有没有不敬的言行？

四、做一个调查

调查一类人，看看他们对父亲的态度。可以用上面的故事，去采访一些学生。

问　题	答案 A	答案 B	结　论
1.你不高兴的时候父亲会安慰你吗？	安慰	不安慰	
2.你需要钱的时候一般找谁要？	父亲	母亲	
3.你知道父亲也有不高兴的时候吗？	知道	不知道	
4.你会为父亲分忧吗？	会	会，但不知道怎样做	
5.你经常与父亲交流生活、学习、思想情况吗？	交流	不交流	
6.你听从父亲的意见和教导吗？	听	有些时候不听	

五、写一篇反思

（1）读了这个故事，你有什么感想？
（2）为了促进社会"讲孝义"的风气，你有什么建议？

六、搜集一个案例

搜集一个关于父爱或孝道的案例。

第五课　礼仪之家

一、大家说礼仪

1. 诗画家庭礼仪

家庭是孩子日常生活中最理想的港湾，它既是遮风挡雨的寓所，也是孕育希望和放飞理想的锚地。家庭礼仪教育的一个最重要的目的就是培养孩子的礼仪习惯。家庭礼仪，是指家庭成员之间的礼仪。遵守家庭礼仪，是家庭和睦的保证，也是社会和谐的基础；而遵守礼仪的家庭，也多能育出知书达理的人才。

2. 大家说礼仪

- 良好的礼貌是由微小的牺牲组成。
- 在宴席上最让人开胃的就是主人的礼节。
- 无礼是无知的私生子。
- 礼貌，是聪明人想出来的与愚人保持距离的一种策略。
- 礼貌是有教养的人的第二个太阳。
- 礼貌经常可以替代最高贵的感情。
- 礼貌像只气垫，里面什么也没有，却能奇妙地减少颠簸。
- 彬彬有礼的风度，主要是自我克制的表现。
- 礼貌是儿童与青年所应该特别小心地养成习惯的第一件大事。
- 怀着善意的人，是不难于表达他对人的礼貌的。
- 礼貌使有礼貌的人喜悦，也使那些受人以礼貌相待的人们喜悦。
- 礼貌周全不花钱，却比什么都值钱。
- 有两种和平的暴力，那就是法律和礼貌。
- 生活里最重要的是有礼貌，它比最高的智慧，比一切学识都重要。
- 博学于文，约之以礼。
- 不学礼，无以立。
- 凡人之所以贵于禽兽者，以有礼也。
- 敬人者，人恒敬之；爱人者，人恒爱之。
- 将不可骄，骄则失礼，失礼则人离，人离则众叛。

- 没有礼貌的人，就像没有窗户的房屋。
- 人有礼则安，无礼则危。
- 国尚礼则国昌，家尚礼则家大，身有礼则身修，心有礼则心泰。
- 人无礼则不生，事无礼则不成，国家无礼则不宁。
- 夫礼，天之经也，地之义也，民之行也。

二、讲一讲故事

1.《弟子规》部分译文和小故事

父母呼　应勿缓　父母命　行勿懒

【译文】父母叫你，就应该赶快答应，父母有什么事要你做，不要拖拖拉拉，懒懒散散。

【小故事】从前，楚国有个叫孟宗的孝子，对母亲照顾得十分周到。一年冬天，非常寒冷，孟母突然病了，什么也不想吃，孟宗很着急地问："娘，你想吃什么？"孟母说："我只想喝一碗新鲜的笋汤。"孟宗听完，马上跑到屋后的竹园，四处挖掘，希望能找到竹笋。可是在冬天，哪里有竹笋呢？孟宗急得大哭起来。他的眼泪一滴一滴地掉在雪地上，眼泪融化了雪，地上长出了嫩绿的笋。他赶紧把笋挖出来，回家做了一碗笋汤。孟母喝了汤，病就全好了。

父母教　须敬听　父母责　须顺承

【译文】父母的教诲，一定要恭恭敬敬地听，如果父母责备你，一定是有道理的，所以你要虚心接受。

【小故事】孟子小的时候，有一天厌倦了读书，就跑回家里。这时他母亲正在织布，见他逃学回来，气得拿起剪刀把快织好的一块布割断。孟子很奇怪，就问母亲为什么把这块布剪断。母亲说："织布要一线一线地连起来，一断就成不了布。你读书就像我织布，也要天天用功才会有成就。你现在就厌倦了，什么时候才能成为有用之才呢？"孟子听了十分惭愧，马上回到学堂发奋读书，后来终于成为有名的大学问家。

冬则温　夏则凊　晨则省　昏则定

【译文】子女要孝敬父母，冬天要让他们暖和，夏天要让他们凉快；早上要恭恭敬敬地请安，晚上要伺候父母睡下。

【小故事】东汉时期，有个叫黄香的孩子，母亲去世后他和父亲相依为命。黄香虽然很小，但却知道孝敬父亲。夏天，酷暑难耐，为了使父亲晚上能很快入睡，黄香

- 45 -

每晚都先把竹席扇凉，再请父亲去睡；冬天，天寒地冻，黄香每天先钻到父亲冰凉的床上，用身体温热被子后，再扶父亲上床。黄香小小的年纪，就有这样的孝心，也使他做人、求学上有所成就，后来，他当上了以孝闻名的好官。

出必告　反必面　居有常　业无变

【译文】出门要告诉父母一声，回来也要通报一声，居住的地方要固定，工作也不要随意变动。

【小故事】聂政是战国时期的一位大侠士，很孝顺自己的母亲。父亲去世后，他和母亲一起生活。聂政是一个有名的侠士，常有人请他出门行侠仗义，打抱不平。但是，为了不让母亲担心，如遇到危险的事，聂政总是刻意回避，尽量在家陪母亲。几年后，聂政的母亲去世了，安葬了母亲后，他离开了家，替朋友去行侠仗义。这次出门后，因为无牵无挂，聂政再也没有回来。后来他死在了外地。

事虽小　勿擅为　苟擅为　子道亏

【译文】事情即使很小，也不要由着性子胡来，如果胡来的话，你的道德品质就会出毛病。

【小故事】三国的时候，刘备临死时，对儿子刘禅不放心，除了把他托付给丞相诸葛亮，还给他写下了一封信。信中说："勿以恶小而为之，勿以善小而不为。惟贤惟德，能服于人。"这是说，不要认为这件坏事小，就可以胡作非为，好事小就可以不做。只有品德良好才能让人信服。后来，在诸葛亮的辅佐下，刘禅没犯大的过失。诸葛亮死后，刘禅开始宠信宦官，逐渐放纵自己，最终蜀国被曹魏灭掉，刘禅也成了俘虏。

物虽小　勿私藏　苟私藏　亲心伤

【译文】东西虽小，也不能偷偷私藏起来；如果私自藏东西，父母会感到伤心。

【小故事】陶侃是东晋有名的贤臣，从小就勤奋好学，人品极好。陶侃长大后，担任了管理渔业的小官。这一年，他托人带回家一坛腌鱼孝敬母亲。没想到，母亲却把鱼原封不动地让人退回去，并且给他写了一封信。信中说："你是国家的官吏，怎么能用公家的东西孝敬母亲呢？虽然只是一坛腌鱼，但也是为政不廉啊！"陶侃深深记住了母亲的教导。从此他勤政为民，两袖清风，成了晋朝著名的清官。

亲所好　力为具　亲所恶　谨为去

【译文】父母亲所喜欢的东西，要尽力为他们准备好；父母亲所讨厌的东西，要小心为他们拿掉。

【小故事】郯子是古代的一位大孝子，对父母特别孝顺。父母的年纪大了，身体不好，眼睛也看不见东西了。郯子听说鹿乳对恢复视力有好处，就想方设法取得鹿乳。郯子来到山上，却无法靠近鹿群。于是，郯子买了一张鹿皮，披在身上混进了鹿群中。郯子的耐心获得了回报，终于有一天，他得到了鹿乳。经过一段时期的治疗，郯子父母的眼疾被治好了，身体也一天天强壮起来。郯子鹿乳奉亲的故事也传遍了天下。

身有伤　贻亲忧　德有伤　贻亲羞

【译文】要爱惜身体，遵守道德。身体有了伤痛，会让父母担心；道德出了毛病，会让父母丢脸。

【小故事】董卓是东汉末年的军阀，他带领军队来到国都，废掉了皇帝刘辨，另立刘协为傀儡皇帝，并从此独揽朝政。董卓专权期间，对朝廷中的大臣肆意杀戮，对天下的百姓任意欺凌。结果，他的暴行引起了人们的愤怒，朝臣王允等人联合起来利用美人计一举将他除掉。董卓的恶行使其家庭也受到了牵连，连年迈的父母也因此受到株连。当时他的母亲已经90多岁了，也被依法处死。实在是可悲啊！

2. 讨论提纲

（1）《弟子规》里哪几句你最有感触？谈谈你的体会。

（2）哪个故事最能启发你？

（3）你知道"孔融让梨"的故事吗？如果知道请讲讲。

（4）你对父母有礼吗？是怎样做的？

（5）你对客人有礼吗？是怎样做的？

（6）你对父母撒过谎吗？

三、做一个引领

（1）父母对人有礼貌吗？

（2）父母对你有礼貌吗？

（3）你对父母有礼貌吗？

（4）你们的家庭是不是个有礼貌的家庭？

四、做一个调查

调查一类人对礼仪的态度。

问 题	答案A	答案B	结 论
1. 你离家、回家向父母打招呼吗？	打招呼	不打招呼	
2. 你外出或不回家吃饭会提前向父母说清楚吗？	会	不会	
3. 你吃饭时，帮父母添饭吗？	会	不会	
4. 客人到你家，你会热情招呼和倒茶吗？	会	不会	
5. 你与人交流会使用礼貌用语吗，如果是家里的亲人呢？	会	不会	
6. 你有正确的站、坐姿态和雅致的步态吗？	有	没有	
7. 集会时你懂得要遵守相应的礼仪吗？	懂	不懂	
8. 你对哥哥、姐姐、弟弟、妹妹有礼貌吗？	有	有时有	

五、写一篇反思

（1）读了这些故事，你有什么感想？

（2）为了全社会所有家庭都要讲礼，你有什么建议？

六、搜集一个案例

搜集一个关于家庭有礼或不讲"礼"的案例。

第六课　我爱我家

一、说一说爱家

1. 诗画爱家

　　家，是一个提起就觉得温馨，想起它就令人神往的字眼，有缘的人才能成为一家人。每一个人都有家，家是每个人最熟悉的地方。那里有我们最亲爱的家人、最心爱的东西。家，是每个人最早接触的社会。在那里有我们的喜怒哀乐，也有我们的酸甜苦辣。

2. 大家说爱家

- 幸福的家庭，父母靠慈爱当家，孩子也是出于对父母的爱而顺从大人。
- 无论何时何地家永远是向游子敞开大门的地方。
- 让孩子感到家庭是世界上最幸福的地方，这是以往有涵养的大人明智的做法。这种美妙的家庭情感，在我看来，和大人赠给孩子们的那些最精致的礼物一样珍贵。
- 我宁愿用一小杯真善美组织一个美满的家庭，不愿用几大船家具组织一个索然无味的家庭。
- 他是世界上最快乐的人，因为他的家庭和睦。
- 家庭乃主人之城。
- 家庭不单是身体的住所，也是心灵的寄托处。
- 一个美满的家庭，有如沙漠中的甘泉，涌出宁谧和安慰，使人洗心涤虑，怡情悦性。
- 舒适的家庭生活，是帮助一个男人成事立业的要素。
- 家是世界上唯一隐藏人类缺点与失败的地方，它同时也蕴藏着甜蜜的爱。
- 家庭是每个人的城堡。
- 走遍天涯寻不到自己所需要的东西，回到家就发现它了。
- 所有幸福的家庭都十分相似；而每个不幸的家庭各有各自的不幸。
- 我之所有，我之所能，都归功于我天使般的母亲。
- 无论是国王还是农夫，家庭和睦是最幸福的。
- 家庭是大自然创造的杰作之一。
- 家啊，是理解奉献思念呵护，是圣洁宽容接纳和谐，是磨合欣赏忠诚沟通，是心心相印浪漫曲折生死相依海角天涯。

二、讲一讲故事

1. 一则小故事

我的五彩缤纷的家

我们家就像一个五颜六色的调色盘，里边装着蓝色、红色、绿色还有橙色，这些美丽鲜艳的颜色组成了一个五彩缤纷的家。

蓝色，你会想到什么？想到瓦蓝瓦蓝的天空？想到一望无际的大海？是啊，我亲爱的奶奶就是蓝色，她，有着像蓝天一样纯洁的心灵；她，有着像大海一样宽广的心胸。每一天早上，她总是第一个起来，煮早餐、喂鸡、买菜……很多家务她都抢着做。

奶奶乐于助人，心胸宽广，做事从不斤斤计较，说到做到，我们常劝她不要做太多的活，让我们年轻人来做，可奶奶却说："你们年轻人工作的工作，学习的学习，忙都忙不过来，我这个闲老太婆不做事，难道让你们来做不成？你们好好工作学习，我做点家务也是很开心的。"听了这话，我更感到奶奶的伟大，用纯洁的蓝色来形容奶奶最恰当不过了。

红色，一派热闹的景象，爸爸就是红色。他乐观开朗，整天乐呵呵的。他很喜欢开玩笑，常把我们逗得捧腹大笑，有他在，家里准少不了"哈哈哈"的笑声。红色又让人想起火，火是用来煮东西的。是啊，爸爸煮的菜最好吃了，他是我们家的"金刀御厨"，煮的菜绝对能够和五星级饭店的菜相提并论。尤其是他的拿手好菜——红烧排骨，一股香喷喷的味道，吃一口，保证让你回味半天，有空来我家坐坐，让我爸爸给你露一手。

绿色，绿色是那么清洁，那么温馨祥和。妈妈是绿色，她是我们家最优秀的清洁工。家里的家具一尘不染，地板亮得能照出人影子来，这一切，全都是妈妈勤劳的体现。妈妈很勤劳，对人又是那么无微不至。她对我们很关心，只要我们需要什么，她都会尽量满足我们。每当我有心事，她总会好好地开导我，帮助我解决难题，妈妈就是那洁净温馨的绿色。

橙色，象征着初升的太阳，充满着朝气。对，我就是一个朝气蓬勃、乐观开朗的初中生，无论在哪里，只要有我在，自然不会少了我的笑声。在家里，我也十分调皮，再加上爸爸的"遗传因素"，我又成为家里的小笑星。我喜欢橙色，还喜欢喝橙汁，酸酸的，甜甜的，像"鲜橙多""酷儿""鲜的每日 C"等都是我最喜欢的。所以说，我是橙色。

我们家是那么温暖，那么快乐，因为有了纯洁的蓝色、开朗的红色、洁净的绿色还有充满朝气的橙色。所以，我爱我家。

2. 讨论提纲

（1）"我们"家有哪些色彩？每种色彩代表哪种人？

（2）"我们"家为什么那么温暖，那么快乐？

（3）你的家有些什么色彩？

（4）你是怎样为家添彩的？

（5）你做过给家抹黑的事吗？如果有，你后悔吗？

（6）你们家里有哪些趣事？

三、做一个引领

（1）父母怎样爱家？

（2）你怎样爱家？

（3）你见过败家的人吗？

（4）爱家，就是给家添光彩吗？

四、做一个调查

调查一类人是怎样爱家的。

问　　题	答案 A	答案 B	结　论
1. 你如何爱自己的父母？	用自己的方法	爱，但不知道如何做	
2. 你如何处理自己家里的点滴？（如小动物，家里的卫生等）	照顾小动物、做清洁	什么也不做	
3. 你会做一些力所能及的事吗？	会	不会	
4. 你学习努力吗？	努力	不太努力	
5. 你会与别人攀比吗？（比吃比穿，就是不比表现，品德，学习……）	会	不会	
6. 你为家庭和谐做了哪些事？	劝父母不吵架	没想过	
7. 你为父母唱过歌吗？	有	没有	

五、写一篇反思

（1）读了这篇短文，你有什么感想？

（2）我们怎样才算真正爱家？你有什么好的建议？

六、搜集一个案例

搜集一个关于热爱家庭的案例。

第三部分

对他人负责

第一课　诚信是立身之本

一、说一说诚信

1. 诗画诚信

诚信，是立身之本，是为人之根，是寒冬里的一团火，是黑夜中的一盏灯，是沙漠里的一点绿洲，是荒原中的一眼清泉。对饥饿的乞丐，是一块面包一杯牛奶；对野蛮的流氓，是一记警钟一声响雷；是谦谦君子的风采，也是悠悠凡人的底线。做官失去诚信，与骗子没有区别；经商失去诚信，绝不会长久……

2. 大家说诚信

- 诚实是力量的一种象征，它显示着一个人的高度自重和内心的安全感与尊严感。
- 没有诚实何来尊严。
- 当信用消失的时候，肉体就没有生命。
- 真话说一半常是弥天大谎。
- 如果要别人诚信，首先自己要诚信。
- 诚实是人生的命脉，是一切价值的根基。
- 人而无信，不知其可也。
- 民无信不立。
- 不信不立，不诚不行。
- 小信诚则大信立。
- 佟而惰者贫，而力而俭者富。
- 以实待人，非惟益人，益己尤人。
- 以诚感人者，人亦诚而应。
- 人无忠信，不可立于世。

- 人背信则名不达。

- 祸莫大于无信。

- 不须犯一口说，不须着一意念，只凭真真诚诚行将去，久则自有不言之信，默成之孚。

- 惟诚可以破天下之伪，惟实可以破天下之虚。

- 诚信者，天下之结也。

- 言不信者，行不果。

- 一言之美，贵于千金。

- 诚者，天之道也；思诚者，人之道也。

二、讲一讲故事

1. 一则小故事

一张床垫的故事

美国人汤姆搬新家时，准备换一张新的床垫。汤姆去了一个叫"蓝森林"的家具店买床垫。汤姆买的床垫是出于美国最知名家具厂之一的"美像厂"，在社会上很有声誉。床垫的质量与价格都是美国一流的。

汤姆买床垫的那天，按规定先向家具店交付了 200 元的订金。交付后，他便高高兴兴地回家了。谁也没有想到的是，汤姆那天却出了大事。汤姆在回家的路上遇到了不幸。路边的一辆煤气车突然发生爆炸，汤姆的车子被炸翻了。他被送到医院时，已经人事不知。几天后，他仍然没有脱离危险。

这时已经到了家具店给汤姆送床垫的日子。家具店自然不知道汤姆的这一情况。当家具店把床垫送到汤姆的家里时，打开门的人却是一副不知所措的样子。他说他从来没有订过什么床垫。对送床垫一事，他感到莫名其妙。送货人对照订单上的地址发现一点也没有错，就是这个小区，就是这个门牌。但房子的主人却坚持说送错了，户主对此事一无所知，这里也根本没有一个叫汤姆的人。

送货人百思不得其解，只好将床垫拉回了店里。家具店主心想这个叫汤姆的人一定会来找的，毕竟他已经交付了 200 元的订金。

谁想，这时的汤姆已经被医院宣布为植物人，他的家人也不知道他曾经预订了一张床垫。至此，事情全部中断。

"蓝森林"家具店是一家严守合同、为顾客着想的老店。他们不但没有因为这张床垫无人认领而感到是个便宜，反而陷入了困境。他们在店门口张贴了广告，又在当地的报纸上发布了消息寻找汤姆，希望知情者能提供有关汤姆的线索，将床垫领走。

然而汤姆的处境，使他的家人根本没有时间看什么报纸。他的邻居也想不到，遭遇如此不幸的汤姆，在这之前还订购了一张床垫。

然而家具店和生产床垫的厂家都在坚持，一定要等汤姆来领床垫。这是一个信誉和诚实的问题。做生意怎么能不讲诚信呢？多年来，无论是这一个店家，还是厂家，他们都严格信守着自己的经营承诺。

汤姆订购的床垫放在家具店里一年了，依然没有人来认领。汤姆的床垫在店里放置两年了……又过了两年，厂家已经不再生产这类床垫了，汤姆还是没有来。这期间家具店和厂家为这张床垫又交换过几次意见，双方商定还是留下这张床垫。虽然也许根本不可能会有人来认领这张床垫，但道义上他们仍然选择了信守诺言的做法。

就这样，这张没有人来认领的床垫被店家挪来挪去，虽然很占地方，但却没有人对这种看似有些愚蠢的做法提出任何非议。诺言和诚信有时确实会呈现出愚和拙的一面。

其间，家具店换过两次老板。接任时，前任都要领着接任者走到这张奇特的床垫前，说明几年前发生的情况。接任者也像他们的前任一样，信守诺言。每隔一段时间，他们就会照样拿出一支粗笔，把床垫上那几个已经模糊了的大字再描上一遍："订购人，汤姆"。他们并不是死板地要等待汤姆，而是要把这件事作为信守合同的一种责任让自己牢记。这就是"蓝森林"家具店的品质——笨拙得让人感动。

谁想，七年之后，奇迹发生了——汤姆苏醒了。汤姆的苏醒是作为医学界的一个奇迹被媒体争相报道的。电视、报纸上都登出了有关汤姆起死回生的消息。这时的汤姆已经不记得从前的事了，毕竟已经过去了七年。但离他最近的一件事他还是回想了起来，那就是七年前，他是在订购床垫回来的路上出了事的。

家具店惊奇地得知这一消息后，急忙去医院找汤姆。原来七年前，是汤姆把订货单上的地址写错了，把一区写成了七区。一区和七区相差了五公里。怪不得床垫永远也送不到汤姆的家。

七年之后，家具店终于把汤姆订购的床垫送到了他家。店家是将床垫作为汤姆康复回家后的一个礼物送去的。这件事在全美引起了轰动。床垫厂家与家具店的信誉让人深深感动，他们没有宣扬地默默坚持了七年，整个过程平凡得让人流泪。汤姆回家的那天，许多市民跑到街上，他们一定要抬一抬、摸一摸这张神奇的床垫。人们都说，汤姆的苏醒与这张床垫有关。他们不但认为汤姆的苏醒是一个奇迹，更认为正是家具店七年来对汤姆的深切召唤，让上天不肯放弃汤姆，一定要让他睡一睡这张床垫！正是这种真诚的力量，才使事情有了今天如此圆满的结果。

许多报纸为赞扬家具店的这种美德，不惜版面，长篇报道。他们一致认为，就是这张床垫，默默坚守，等待了七年，才感动了神灵，使汤姆重返人间，得以新生！就连当时的总统看了报纸，也大加赞扬，说："真诚，一定会感动上帝！"

2. 讨论提纲

（1）厂家的行为说明了什么？

（2）厂家为什么要那样做？

（3）厂家行为的结果是什么？

（4）现在假货横流，你想对商家说点什么？

（5）现在的信誉危机最需要什么？

（6）还有哪些行业最需要诚信？

（7）说说我们身边的诚信。

（8）对于诚信，我们应该做些什么？

三、做一个引领

（1）为什么我们需要诚信？

（2）诚信对为人、工作、生活有什么作用？

（3）失信对自己、对他人、对社会、对国家有什么影响？

四、做一个调查

调查一类人对诚信的态度。可以用上面的故事，去调查一群商人。

问 题	答案 A	答案 B	答案 C	结 论
1. 如果你是家具店家会怎么做?	据为己有	继续等待	广告寻找货主	
2. 如果你是送错的那家主人会怎么做?	捡个便宜	拒绝接受	假冒退回定金	
3. 如果你是家具店长会怎么做?	坚持诚信	做广告	无所谓	
4. 如果你是送货人会怎么做?	觉得麻烦	不再管	自己拥有	
5. 如果汤姆没有醒过来店家会怎么样?	永远等待	没有结果	活广告	
6. 店家是否应该收取床垫保存费?	不应该	应该	无所谓	

五、写一篇反思

（1）读了这个故事，你有什么感想?

（2）为了全社会都讲诚信，你有什么建议?

六、搜集一个案例

搜集一个关于诚信或失信的案例。

第二课　铁肩担道义

一、说一说担当

1.诗画担当

有一种美德叫诚信，有一种品质叫担当。担当是一个人走向成功、获得幸福的必备品质。担当，是烈日下朵朵鲜花头上的那棵参天大树，是洪流肆虐时那道隆起的高高堤坝，是风雨中海岸边那座永远屹立的灯塔。担当是对责任的担负，是伟岸人格的表现。

一个人能否敢于担当、能否乐于担当，决定了他生活的纯度和品位，决定了他的人生高度。天下兴亡，匹夫有责。勇于担当是一种精神，甘于担当是一种情操，乐于担当是一种态度，勤于担当是一种习惯，严于担当是一种要求，善于担当是一种能力。

2.大家说担当

- 自由的第一个意义就是担负自己的责任。
- 社会犹如一条船，每个人都要有掌舵的准备。
- 我们应该不虚度一生，应该能够说："我已经做了我能做的事。"
- 一个人越敢于担当大任，他的意气就越风发。
- 我们不是为自己而生，我们的国家赋予我们应尽的责任。
- 责任和权利是双生儿，想要享受权利，那么就勇于承担责任吧。
- 要使一个人显示他的本质，叫他承担一种责任是最有效的办法。
- 承担更大的责任，他们就更加幸福。
- 一人做事一人当。

二、讲一个故事

1. 一则小故事

驼背的故事

古代，某国的京城中住着一个裁缝，他性情快活，喜好嬉戏，常带着老婆出去散步玩耍。一天，他们夫妇清晨出去散步，直到日落时才游玩而归。路上，他们碰到一个驼背。这驼背给人滑稽的感觉，他的言谈举止，使人一下子忘记了苦闷，情不自禁地快乐起来。裁缝夫妇兴致勃勃地打量一番驼背，一时高兴，便约他一道回家，大家好一块儿吃饭玩乐。

驼背一请便动，到裁缝家时，天已快黑。裁缝马上到市集上去买了煎鱼、馍馍、柠檬和葡萄，以丰盛的晚餐款待驼背。他们围着餐席开怀大吃。裁缝的老婆拿了块很大的鱼肉塞进驼背嘴里，开玩笑似的捂住他的嘴，说道："以安拉的名义起誓，你肯定能整块吞下这鱼肉，不许你嚼，快吞吧，快吞吧。"驼背果然遵命一咽，一根带肉的大鱼刺一下勾住他的喉管，噎得他喘不上气来，只一会儿，他就被噎死了。裁缝惊呆了，不由叹道："毫无办法，只盼万能之神安拉拯救了！这个可怜虫，早不死，迟不死，为什么偏偏死在我们手里！"

"你可不能就这样坐着不动呀？"老婆焦急地埋怨裁缝，"我们可是坐在熊熊的火焰上了。"

"那该怎么办呢？"

"来吧，你来抱住他的身子，我在他的脸上蒙上一张丝帕，然后我先出去，你再跟在我后面，趁黑夜我们把他弄出去，在街上，你一边走，一边要不停地说：'孩子，我和你妈妈这就带你看医生去。'"

裁缝按老婆的盼咐，抱着驼背的身体，跟在老婆后面出去，老婆在前面一边走一边嚷："哟！我的儿啊，你快好起来吧。真让我痛苦呀！不过我知道，这样的天花，确实是到处都很容易染上的哪。"

夫妇俩一路走着，说着，沿街向人打听医生的住处，以便让全街的人都知道他们的孩子病了。最后，他们终于找到犹太医生的家。

医生的黑女仆听到他们敲门，为他俩开门。看见裁缝夫妇，她以为他们抱着的是他们的孩子，问道："有什么事吗？"

"我们带孩子来看病，"裁缝的老婆说，"这是一枚金币，请拿去给你的主人，让他下来为我们的孩子看病吧。这孩子病重哪。"

女仆转身上楼时，裁缝夫妇趁机闯进医生的家门。

"快把驼背放下，"裁缝的老婆说，"我们快脱身。"

裁缝匆忙放下驼背，让他靠着楼梯，两人一溜烟跑掉了。

女仆回到楼上，对医生说："门前有一对夫妇来请医生看病，他们说把这个金币给你，请你去替他们的孩子看病。"

医生见了金币，非常高兴，立刻起身，匆匆下楼来看病人。下楼时，医生一脚踢在死了的驼背身上，被绊了一跤，驼背也滚下楼去。医生爬起身，叫道："啊！摩西与十诫哟！亚伦与赖约舒哟！我怎么会踢到这个病人，使他滚下去，一下子跌死了。我对这个死在家中的尸体可怎么办呀！"

医生战战兢兢地驮着驼背的尸体到楼上，把刚才发生的事情告诉老婆。

"你怎么还不想办法呢？"老婆说，"你要是坐着不动，等到天亮，我们就完了，我和你会把命送掉的！来呀，我们把他抬上平台，放到隔壁那个穆斯林家中去吧。"

原来医生的邻居是王宫里的厨房总管，他经常把王宫里的肉带到家中，惹得猫和老鼠去偷吃，而且他家没人时，连狗也会爬过墙头下去偷吃，因此糟蹋了不少的肉。这时医生夫妇两人，一个提着驼背的双手，一个抬着他的双脚，沿墙边把他慢慢地放了下去，让他靠着屋角。做完这一切后，他们悄悄地潜回自己家里。

驼背被放下去时，那个总管刚好回家。他打开门，拿着蜡烛走进屋，立刻发现有人站在屋角。

"啊！凭我的生命起誓，"他嚷起来，"好啊！原来偷我那么多肉的是人呀！你偷了我的肉，我还一直错怪是猫和狗，以致巷中许多猫和狗都遭了殃，原来是你从屋顶上爬下来偷的呀！"他嚷着，马上去拿起一柄大锤，朝驼背胸部打了几锤。

驼背被打倒在地，一动不动，总管这才惊慌失措起来，既忧愁又苦闷，叹道："毫无办法，只望万能之神安拉拯救了。"他想到事情关系着自己的性命，骂道："这些讨厌的肉啊！愿安拉诅咒它们，这个人的生命难道就这样断送在我手里吗？"

他仔细一看，原来是个驼背。

"你生为驼背作孽还不够吗？"他说，"定要做贼来偷油偷肉吗？我的主宰呀！求您保佑我，掩盖我的罪孽吧。"于是总管背着驼背，趁夜摸索到街拐角处，偷偷放他下来，让驼背的身体靠在一家店铺门前，然后拔脚开溜。

这时，一个喝得酩酊大醉的基督教商人，东倒西歪着正要去澡堂洗澡。他念叨说："快了！快到澡堂了！"他摇摇晃晃地走到驼背面前，坐下去解鞋带，猛见身旁立着一个人，便一骨碌爬起来，以为这人是想来偷他的缠头的。原来昨天夜里，他的缠头刚被人偷了，他正为此愤愤不平。于是他猛地一拳打在驼背脖子上，驼背马上倒了下去。这个商人醉得厉害，一面大声喊叫"捉贼"，一面趁势扑在驼背身上，两手紧紧掐着驼背的脖子不放。巡察闻声赶到，正看见这个商人骑在驼背身上乱捶乱打。

"为什么打人？"巡察问。

"这个人要抢我的缠头。"

"起来！"

基督教商人站了起来。巡察走过去一看，人已被打死了。"好了！"巡察说，"基督教徒打死伊斯兰教徒了。"于是绑起基督教徒，带往衙门。

"基督呀！圣母玛利亚呀！"基督教商人愤恨地嚷叫，"我怎么会打死人呢？我只打了一拳，他怎么会死？他死得多快呀！"

之后，基督教商人酒醒了过来，恢复了理智，悲哀地和驼背在监狱里过了一夜。

次日，法官在处决杀人犯之前，掌刑官宣布了基督教商人的罪状，把他带到绞刑架下。当绞绳套上他的脖子快行刑时，那个厨房总管却忽然赶了过来。他从人群中挤进去，见基督教商人就要被绞死，便使出全身力量挤到掌刑官面前，大声说道："别绞他，这个人是我杀的。"

"你为什么杀人？"法官问。

"昨夜我回家时，他正从屋顶上爬下来，要偷我的东西，我一气之下，用大铁锤打中了他的胸部，打死了他。由于害怕，我背起他到大街上，把他扶靠在一家铺子门前。可是现在我想，我已经杀了一个伊斯兰教徒了，可不能再让这个基督教徒死于非命，现在请拿我偿命，绞死我吧。"

听了总管的自首，法官宣布基督教商人无罪，释放了他。"绞这个人吧。"法官指着厨房总管，吩咐掌刑官。

掌刑官按法官的命令，从基督教商人脖子上取下绞绳，套在总管脖子上，牵他到绞刑架下，准备动手开绞。这时，那个犹太医生挤开人群，叫喊着冲到绞架下，说道："你不能绞他，杀人的不是他，而是我。是这样的：昨天我在家中，有一男一女来求医，他们带着这个驼背，叫女仆把一个金币给我，说是给他治病。那一男一女进入我家，让他靠着楼梯休息，两人便走了。我摸索着下楼去看病人，黑夜里看不清，一脚踢在了他身上，他跌倒下去，立刻摔死了。老婆和我把尸体抬到平台上，设法将它放到总管家里，因为他是我们的邻居。总管回去发现驼背在他家中，以为是贼，用锤把他打倒，还以为是自己打死了他。我无意间杀死了一个伊斯兰教徒，可不愿有意地害了另一个伊斯兰教徒的生命了！"

由于犹太医生的自首，法官便吩咐掌刑官："放掉总管，绞犹太人偿命好了。"

掌刑官又将绞绳套在犹太医生脖子上，刚要动手开绞，那个裁缝又突然挤开人群，奔到绞刑架下，对掌刑官说："别绞他，杀人的不是他，而是我。是这样的：昨天清晨我出门散完步，午后回家的时候，碰到这个喝得醉醺醺的驼背。他敲着小鼓，哼着小曲。我当时邀他到我家，用煎鱼招待他。我妻子拿了块鱼肉请吃，塞在他嘴里，他一咽便噎死了。我妻子和我把他抱到犹太医生家里，他的女仆来开门，我对她说：'告诉你的主人，请他快下来，给我们的孩子看病。'当时，我给了她一枚金币。她上楼去通知主人的时候，我把驼背放在楼梯上，然后带着老婆悄悄溜走。医生下楼踢在他身上，便认为是自己杀死的。"

"这是事实吧？"他问犹太医生。

"对，真是这样。"医生回答。

"放掉犹太人吧，"裁缝望着法官，"让我来偿命好了。"

"这真是一个可以记录下来当史料的怪事。"法官听了裁缝的自首，感到非常惊讶，随即吩咐掌刑官，"放掉犹太人，根据裁缝的自首，绞他好了。"

掌刑官一边把绞绳套在裁缝脖子上，一边说道："麻烦极了！一会儿要绞那个一会儿要绞这个，结果，谁也死不了！"

那个驼背，本是供皇帝逗笑取乐的一个侏儒，随时随地侍奉皇帝。他喝醉酒，溜出王宫后，一连两天也不见回宫。皇帝便吩咐打听他的下落。侍臣出去打听了情况，回宫禀报国王："启禀主上，驼背已死了，尸体被人送到衙门里。法官要绞死杀人犯。可非常奇怪，每当他宣布了罪状，快要行刑开绞时，总有人出来自首，承认是自己杀人，已有好几个人自首了，每人都讲了杀人的原委。"

于是，皇帝吩咐侍臣："你快去法场传法官进宫，要他带全部犯人来见我。"

侍臣到法场时，掌刑官刚准备好，就要开绞裁缝了。

"且慢！"侍臣制止了掌刑官，向法官传达了皇帝的旨意，随即命人抬着驼背的尸体，并将裁缝、犹太医生、基督教商人和总管一齐带进宫去。法官见到皇帝，跪下去吻了地面，把事件经过一五一十报告了皇帝。皇帝听了，又惊奇又激动。

这时，一个刚进宫的理发匠站了出来，看了这场面，他感到很奇怪。

"陛下！"理发匠说，"为什么这个裁缝、基督教商人、犹太医生、穆斯林总管和死了的驼背都在这儿呢？这是怎么一回事呀？"

皇帝笑着说："来吧，把驼背昨天吃晚饭时的情形，以及基督教商人、犹太医生、总管和裁缝所谈的一切经过，全都讲给理发匠听吧。"

理发匠听了这一切，说："这可是奇事中的奇事了！"接着他摇着头说："让我看一看驼背吧。"于是他靠近驼背坐下，把他的头挪在自己的腿上，仔细打量一番，突然哈哈大笑，笑得差一点倒在地上。他说："每个人的死都是有原因的，驼背之死尤其值得记载呢。"

他的言行使得所有的人都莫名其妙，皇帝也一样摸不着头脑。

"陛下，以你的恩惠起誓，这个驼背并没有死，他还在喘气呢。"理发匠说着，从袋里拿了一个罐子出来，打开，从中取出一个眼药瓶，拿瓶中的油质抹在驼背脖子上，接着又掏出一只铁夹子，小心地把铁夹子伸进驼背的喉管，夹出一块裹着血丝、带着鱼刺的鱼肉。驼背突然打了一个喷嚏，一骨碌爬了起来，他神气十足，伸手抹一抹嘴脸，说道："安拉是唯一的主宰，穆罕默德是他的使徒。"

皇帝和所有的人惊奇之余，全笑得死去活来。

"以安拉的名义起誓，这可真是奇事，没有比这更稀奇古怪的事了，臣民们，"皇帝接着说，"难道你们曾见过死了又活回来的人吗？若不是这个理发匠，这驼背一定假死变成真死呢。"

"以安拉的名义起誓，"人们齐声说，"这真算得是万中仅一的奇事了。"

皇帝惊讶之余，一面吩咐宫中的人记录驼背的故事，作为历史文献保存；一面赏赐犹太医生、基督教商人和总管每人一套名贵衣服，然后让他们全都回家，裁缝、驼背和理发匠也各得到了皇帝赏给的一套名贵衣服。从那以后，裁缝在宫中做起缝纫活，按月领取薪俸；驼背仍然陪伴皇帝，谈笑取乐，得到了很高的俸禄；理发匠却成为皇帝的随身陪侍，替皇帝理发。

他们各得一份差事，舒适愉快地生活着。

（摘自《一千零一夜》）

2. 讨论思考

（1）简要概括故事情节。

（2）在这个故事里，你看到了什么？想到了什么？

（3）谈谈这个故事给你的启示。

三、做一个辩论

辩题："扶"与"不扶"

辩论观点提示：

（1）"扶不扶"不该成为中国式难题。

（2）"怕被讹"不应是冷漠的借口。

（3）"扶不扶"的困惑该如何化解？

四、写一篇反思

以"担当"为话题写一篇文章，文体不限，题目自拟，不少于700字。

五、做一个调查

找一些体现担当精神的古诗，并谈谈自己的感悟。

六、搜集一个案例

搜集一个关于担当的案例。

第三课　赠人玫瑰，手有余香

一、大家说助人

1.诗画助人

当你掬起一汪清泉，你是否记得清凉他人？当你手握一支火烛，你是否记得照亮黑暗？当你心怀温暖，你是否记得给他人一些希望？随着年龄的增长，随着环境的变化，随着进入社会的步伐，你还记得儿时曾经心念的一句话吗？"赠人玫瑰，手有余香。"

2.大家说助人

- 你要记住，永远要愉快地多给别人，少从别人那里拿取。
- 世界上能为别人减轻负担的都不是庸庸碌碌之徒。
- 君子贵人贱己，先人而后己。
- 辅车相依，唇亡齿寒。
- 路见不平，拔刀相助。
- 病人之病，忧人之忧。
- 每有患急，先人后己。
- 好事须相让，恶事莫相推。
- 人家帮我，永志不忘；我帮人家，莫记心上。

二、讲一讲故事

1."时代楷模"雷锋的故事

雷锋，1940年生，解放军沈阳部队工程兵某部运输班班长、五好战士，1962年8月15日因公殉职。1963年3月5日，毛泽东同志亲笔题词"向雷锋同志学习"。此后每年3月5日便成了全民学雷锋的日子。

雷锋事迹1：一次义务劳动

1960年初夏的一个星期天，雷锋肚子疼得很厉害。他来到团部卫生连开了些药回来，见一个建筑工地上正热火朝天地进行施工，原来是给本溪路小学盖大楼。雷锋情不自禁地推起一辆小车，加入运砖的行列中去。直到中午休息，雷锋被一群工人围住了，面对大家他说："我们都是为社会主义建设添砖加瓦，我和大家一样，只要尽了自己的一点义务，也算是有一分光发一分光吧！"这天下午，打听到雷锋名字及部队驻地的建筑公司组织工人敲锣打鼓送来感谢信，大家才知道病中的雷锋做了一件好事，过了一个特殊的星期天。

雷锋事迹2：可敬的"傻子"

1960年8月，驻地抚顺发洪水，运输连接到了抗洪抢险命令。雷锋忍着刚刚参加救火被烧伤的手的疼痛又和战友们在上寺水库大坝连续奋战了七天七夜，被记了一次二等功。

望花区召开了大生产号召动员大会，声势浩大。雷锋上街办事正好看到这个场面，他取出存折上在工厂和部队攒的200元钱（存折上203元）跑到望花区党委办公室要捐献出来，为建设祖国做点贡献。接待他的同志实在无法拒绝他的这份情谊，只好收下一半。后来，辽阳遭受百年不遇的洪水，雷锋又将剩下的100元捐献给了辽阳人民。在我国受到严重自然灾害的情况下，他为国家建设、为灾区捐献出自己的全部积蓄，自己却舍不得喝一瓶汽水。

雷锋事迹3：人民的勤务员

从1961年开始，雷锋经常应邀去外地作报告，他出差机会多了，为人民服务的机会也就多了，人们流传着这样一句话："雷锋出差一千里，好事做了一火车。"

有一次，雷锋外出在沈阳车站换车，一出检票口，发现一群人围看一个背着小孩的中年妇女，原来这位妇女从山东去吉林看丈夫，车票和钱都丢了。雷锋用自己的津贴费买了一张去吉林的火车票塞到大嫂手里，大嫂含着眼泪说："大兄弟，你叫什么名字，是哪个单位的？"雷锋说："我叫解放军，就住在中国。"

5月的一天，下着雨，雷锋要去沈阳，为了赶早车，他早晨5点多就起来，带了几个馒头就披着雨衣上路了。路上，他看见一位妇女背着一个小孩，手里还拉着一个小女孩正艰难地向车站走去。雷锋脱下身上的雨衣披在大嫂身上，又抱起小女孩陪他们一起来到车站。上车后，雷锋见小女孩冷得发抖，就把自己的贴身线衣脱下来给她穿上。雷锋估计大嫂和孩子都没吃早饭，就把自己带的馒头给他们吃。火车到了沈阳，天还在下雨，雷锋就把他们送到了家里。

雷锋事迹4：模范班长

1961年9月，全团上下一致推举雷锋为抚顺市人大代表。

雷锋参加完人代会回到连里就担任了二排四班班长，在他的带领下，四班成了"四好班"，雷锋也成了全连的四好班长。

雷锋事迹 5：谦虚谨慎

雷锋入伍以来，多次立功受奖，他被选为市人大代表，出席过沈阳军区首届共青团代表会议，他的照片、日记和模范事迹，通过报纸、电台做了广泛的宣传，雷锋陆续收到来自全国各地热情赞扬他的来信。他在日记中写下了这样一段话："我的一切都是党给的，光荣应该归于党，归于热情帮助我的同志，至于我个人做的工作，那是太少了，我这么一点点贡献，比起对我的要求和期望还是很不够的……"

雷锋事迹 6：雷锋牺牲

1962 年 8 月 15 日上午 8 点多钟，细雨霏霏，雷锋和他的助手乔安山驾车从工地回到驻地。他们把车开进连队车场后，发现车身上溅了许多泥水，便不顾长途行车的疲劳，立即让乔安山发动车到空地去洗车。经过营房前一段比较窄的过道，为安全起见，雷锋站在过道边上，扬着手臂指挥小乔倒车转弯；"向左，向左……倒！倒！"突然汽车左后轮滑进了路边水沟，车身猛一摇晃，碰倒了旁边的木杆，倒下来的木杆砸在了雷锋的太阳穴上，他当场昏过去……

战友们立即用担架把他送到附近医院抢救，各级首长也赶到了医院。由于颅骨损伤，导致脑机能障碍，这个劳动人民的好儿子，中国共产党的优秀党员，年仅 22 岁的雷锋，就这样和我们永别了！

8 月 17 日，抚顺市望花区政府礼堂隆重召开雷锋同志追悼会，近 10 万人护送雷锋的灵柩向烈士陵园走去。

1963 年 1 月，国防部命名雷锋生前所在班为"雷锋班"，共青团追认雷锋为全国少先队优秀辅导员，解放军总政治部、共青团中央、全国总工会、全国妇联相继发出关于学习雷锋的通知，《人民日报》《解放军报》《中国青年报》等相继发表评论和介绍雷锋事迹的文章。

雷锋，这个熟悉的名字，在我们的心中闪烁着不灭的光辉。他把自己旺盛的青春全部献给了党、献给了人民，他高尚的理想、信念、道德、情操，必将在我们青少年一代身上不断发扬光大，他那不可磨灭的美好形象，将永远活在我们心中。

2. "最美妈妈"吴菊萍

吴菊萍，女，1980 年生，浙江嘉兴人，2000 年加入中国共产党。2011 年 7 月 2 日下午 1 点半，在杭州滨江区的一个住宅小区，一名 2 岁女童突然从 10 楼坠落，在楼下的吴菊萍奋不顾身地冲过去用双手接住了孩子。女孩稚嫩的生命得救了，但吴菊萍的手臂被瞬间巨大的冲击力撞成粉碎性骨折。这一感人事迹在网络上热传，无数网民为之动容，称其为"最美妈妈"。2011 年 9 月 12 日，吴菊萍和坠楼女孩妞妞相约，回家共度中秋。2011年9月20日，吴菊萍在第三届全国道德模范评选中荣获"全国见义勇为模范"称号。

3. "拾荒老人"韦思浩

韦思浩是浙江东阳市六石街道康厦村人，20世纪60年代考上杭州大学，后来几经辗转成为一名教师。

从教师岗位退休后，韦思浩在杭州独居，虽然每月退休工资有5000多元，但他生活俭朴，住的是毛坯房，除了一张木板床外没有家具；平时穿得像拾荒者，经常出去收捡垃圾。

因为酷爱读书学习，韦思浩每周都要去图书馆三四次，而且每次借阅前都自觉洗手，就是为了防止把书弄脏。

2014年11月，《杭州图书馆向流浪汉开放，拾荒者看书前自发洗手》的一组照片引起社会的广泛关注。照片显示，有一位拾荒老人在进馆看书前，会把手洗得干干净净。

作者在图片说明中使用了化名，称章楷（即韦思浩）"再次出现在杭图三楼专题文献区阅览室门口，还是那副装扮：一根竹竿将两个口袋挑于肩后，穿一双被泥染黑的白色运动鞋。他在书桌前卸下口袋，让工作人员找来几本中外名著。虽然视力极差，但还是把书凑到眼前，看得津津有味"。

2015年12月16日，一位吴姓女士给浙江的电视媒体打电话，称她父亲就是去图书馆看书前洗手的那位老人，名叫韦思浩，1个月前在过马路时被车撞伤，12月13日去世。

家人在他的遗物里，意外发现很多捐资助学的信件和证明，有浙江省社会团体收费专用票据、希望工程结对救助卡、扶贫公益助学金证书等，从20世纪90年代的每次捐赠三四百元到后来的三四千元。

大家这才明白，为什么每月有退休金的老人，要捡垃圾过日子，因为他把省下的钱捐给了寒门学子。老人从未与人说起的爱心助学故事令人动容，被网友誉为精神世界的"拾荒者"。

4. "当代雷锋"郭明义

郭明义，男，1958年12月生，辽宁鞍山人，1982年复员到齐大山铁矿工作。1996年至今，任齐大山铁矿生产技术室采场公路管理员。

入党30年来，他时时处处发挥先锋模范作用，在每个工作岗位上都取得了突出的成绩。从1996年开始担任采场公路管理员以来，他每天都提前2小时上班，15年中，累计献工15000多小时，相当于多干了5年的工作量。工友们称他是"郭菩萨""活雷锋"，矿业公司领导则称因郭明义使整个"矿山人"的精神得到了升华。他 20 年献血 6 万毫升，是其自身血液的 10 倍多。2002 年，郭明义加入中华骨髓库，成为鞍山市第一批捐献造血干细胞志愿者。2006 年，郭明义成为鞍山市第一批遗体和眼角膜自愿捐献者。

1994 年以来，他为希望工程、身边工友和灾区群众捐款 12 万元，先后资助了 180 多名特困生，而自己的家中却几乎一贫如洗。一家三口人至今还住在鞍山市千山区齐大山镇一个 20 世纪 80 年代中期所建的不到 40 平方米的单室里。

郭明义曾先后获部队学雷锋标兵、鞍钢劳动模范、鞍山市特等劳动模范、全国无偿献血奉献奖金奖、中央企业优秀共产党员、全国"五一劳动奖章"等荣誉称号，是鞍山市无偿献血形象代言人。2012 年 3 月 2 日，中央精神文明建设指导委员会授予郭明义同志"当代雷锋"荣誉称号。

三、做一个引领

（1）你帮助过别人吗？谈谈你帮助别人后的感受。

（2）你受过别人的帮助吗？谈谈你受帮助后的感受。

（3）谈一谈新时期我们如何学雷锋，怎样助人为乐？

（4）"帮助他人，对他人负责，实际上也是对自己负责。"你是怎样理解这句话的？

四、做一个调查

问　题	答案 A	答案 B	答案 C	结　论
1. 帮助伤者时如何做？	独自上前，快速保护	喊叫旁人，共同救助	拨打急救电话	
2. 拾金不昧时如何做？	独立处理	邀请旁人，共同见证	交给警察或相关失物认领机构	
3. 制止偷窃时如何做？	大声呼喊	明示失主	暗示失主，引起失主警惕	
4. 看见偷车人或行凶歹徒如何做？	上前制止	大声说话，警示歹徒	立即到隐秘处拨打110，将歹徒地点和特征叙述清晰	
5. 陌生人问路如何做？	不予理睬	巧妙回答："不好意思，我也不知。"	大声回答，引起周围很多人注意	

五、写一篇反思

（1）读了上述故事，你有什么感想？

（2）为了乐于助人，对他人负责，你有哪些建议？

六、搜集一个案例

搜集一个关于乐于助人或有损他人的案例。

第四课　同一个世界，同一个梦想

一、说一说团结

1. 经典的奥运主题口号

"同一个世界，同一个梦想"（One World，One Dream）是 2008 年北京奥运会主题口号。"同一个世界，同一个梦想"集中体现了奥林匹克精神的实质和普遍价值观——团结、友谊、进步、和谐、参与和梦想，表达了全世界在奥林匹克精神的感召下，追求人类美好未来的共同愿望。尽管人类肤色不同、语言不同、种族不同，但我们共同分享奥林匹克的魅力与欢乐，共同追求人类和平的理想，我们同属一个世界，我们拥有同样的希望和梦想。

2. 大家说团结

- 聪明人与朋友同行，步调总是齐一的。
- 一致是强有力的，而纷争易于被征服。
- 若不团结，任何力量都是弱小的。
- 共同的事业，共同的斗争，可以使人们产生忍受一切的力量。
- 单个的人是软弱无力的，就像漂流的鲁滨逊一样，只有同别人在一起，他才能完成许多事。
- 不管努力的目标是什么，不管他干什么，他单枪匹马总是没有力量的。合群永远是一切善良思想的人的最高需要。
- 天时不如地利，地利不如人和。
- 单丝不成线，独木不成林。
- 二人同心，其利断金。
- 万人操弓，共射一招，招无不中。
- 民齐者强。
- 人心齐，泰山移。
- 能用众力，则无敌于天下矣；能用众智，则无畏于圣人矣。
- 五人团结一只虎，十人团结一条龙，百人团结像泰山。

二、讲一讲故事

（一）

在不大的蚂蚁家族中，有着复杂却又严格的分工。工蚁负责探路和寻找食物，兵蚁肩负蚁巢的安全保障，蚁后则生育后代，还有的哺养后代。每一个成员既不多做也不少做，缺了其中任何一个环节都不行。蚂蚁家族正是凭借每一个成员的合作精神，才能生存下去。

（二）

在南美洲的草原上，有一种动物却演绎出迥然不同的故事：酷热的天气，山坡上的草丛突然起火，无数蚂蚁被熊熊大火逼得节节后退，火的包围圈越来越小，渐渐地蚂蚁无路可走。就在这时出人意料的事发生了：蚂蚁们迅速聚拢起来，紧紧地抱成一团，很快就滚成一个黑乎乎的大蚁球，蚁球滚动着冲向火海。尽管蚁球很快就被烧成了火球，在噼噼啪啪的响声中，一些居于火球外围的蚂蚁被烧死了，但更多的蚂蚁却绝处逢生。

（三）

有个外国老太来中国，她找了几个中国孩子，让他们做一个游戏。她把几个拴着细线的小球放进一个瓶子里，瓶口很小，一次只能容纳一个小球通过。

她说："这是一个火灾现场，每个人只有逃出瓶子才能活下去。"她让每个孩子拿一根细线，游戏开始了，只见几个孩子从小到大，依次把小球取出来了。

老太很惊讶，她在许多国家做过这个实验，但是没有一个成功过，那些孩子无一例外都争先恐后地把细线拼命往上拉，导致最后一堆小球堵在瓶口……

（四）

有一个装扮得像魔术师的人来到一个村庄，他向迎面而来的妇人说："我有一颗汤石，如果将它放入烧开的水中，会立刻变出美味的汤来，我现在就煮给大家喝。"这时，有人找来一个大锅，还有人提了水，架上炉子和木材，就在广场上煮了起来。这个陌生人很小心地把汤石放入滚烫的锅中，然后用汤匙尝了一口，很兴奋地说："太美味了，如果再加入一点洋葱就更好了。"立刻有人冲回家拿了一堆洋葱。陌生人又尝了一口，说："太棒了，如果再放些肉片就更香了。"有一个妇人快速回家端来一盘肉。"再有一些蔬菜就完美无缺了。"陌生人又建议道。在陌生人的指挥下，有人拿了盐，有人拿了酱油，也有人捧了其他材料。当大家一人一碗蹲在那里享用时，他们发现这真是天底下最美味好喝的汤。

三、做一个引领

（1）从自身、集体、民族及世界的角度谈谈团结合作的现实意义。

（2）合作共赢需要我们锻造哪些品质？

四、做一个调查

调查"一带一路"发展情况，讨论中国搭建全球性合作共赢的公共平台的重要意义。

五、写一篇反思

写一篇关于团结合作、追求梦想的文章。

六、搜集一个案例

搜集一个关于团结互助的案例。

第五课　滴水之恩，涌泉相报

一、说一说感恩

1. 诗画感恩

我们每一个人，都是一个爱的结晶，都是一个爱的驿站，都是一个爱的集合。从襁褓婴儿到青春少年的岁月旅途上，父母的挚爱和哺育，老师的关爱和教诲，同学伙伴的帮忙和鼓励，社会的倾注与关怀，我们无时无刻不被爱所深深围绕和滋润，时刻被爱所拥抱和温暖。我们成长的每一分每一秒无不闪烁着爱意璀璨而温馨的光芒。

我们需要做的就是——心怀感恩。感恩父母，感恩老师，感恩他人，感恩社会，感恩自然，感恩上帝所赋予我们的一切。

2. 大家说感恩

- 感恩是精神上的一种宝藏。
- 感恩即是灵魂上的健康。
- 没有感恩就没有真正的美德。
- 人世间最美丽的情景是出现在当我们怀念到母亲的时候。
- 家庭之所以重要，主要是因为它能使父母获得情感。
- 父母的美德是一笔巨大的财富。
- 全世界的母亲是多么的相像！她们的心始终一样，每一个母亲都有一颗极为纯真的赤子之心。
- 父母之恩，水不能溺，火不能灭。
- 养儿方知娘艰辛，养女方知谢娘恩。
- 忘恩比之说谎、虚荣、饶舌、酗酒或其他存在于脆弱的人心中的恶德还要厉害。
- 忘恩的人落在困难之中，是不能得救的。
- 感恩是美德中最微小的，忘恩负义是品行中最不好的。
- 卑鄙小人总是忘恩负义的，忘恩负义原本就是卑鄙的一部分。
- 哀哀父母，生我劬劳。

- 投我以桃，报之以李。
- 谁言寸草心，报得三春晖。
- 生活需要一颗感恩的心来创造，一颗感恩的心需要生活来滋养。
- 借得大江千斛水，研为翰墨颂师恩。

二、讲一讲故事

（一）

有一位单身女子刚搬了家，她发现隔壁住了一户穷人家，一个寡妇与两个小孩子。有一天晚上，那一带忽然停了电，女子只好自己点起了蜡烛。没一会儿，忽然听到有人敲门。

原来是隔壁邻居的小孩子，只见他紧张地问："阿姨，请问你家有蜡烛吗？"女子心想："他们家竟穷到连蜡烛都没有吗？千万别借他们，免得被他们依赖了！"

于是，女子对孩子吼了一声，说："没有！"正当她准备关上门时，小孩展开关爱的笑容说："我就知道你家一定没有！"说完，他竟从怀里拿出两根蜡烛，说："妈妈和我怕你一个人住又没有蜡烛，所以让我带两根来送你。"

此刻女子自责、感动得热泪盈眶，将那小孩子紧紧地拥在怀里。

（二）

曾经有两个人在沙漠中行走，他们是很要好的朋友。不知道什么原因，在途中他们吵了一架，其中甲打了乙一巴掌。乙很伤心，于是就在沙里写道："今天我朋友打了我一巴掌。"写完后，他们继续前行。他们来到一块沼泽地，乙不小心踩到沼泽里面，甲不惜一切拼了命地去救他……最后乙得救了，他很高兴，于是在一块石头上面写道："今天我朋友救了我一命。"甲一头雾水，奇怪地问："为什么我打了你一巴掌，你把它写在沙里，而我救了你一命，你却把它写在石头上呢？"乙笑了笑回答道："当别人对我有误会，或者有什么对我不好的事，就应该把它记在最容易遗忘、最容易消失不见的地方，由风负责把它抹掉。而当朋友有恩于我，或者对我很好的话，就应该把它记在最不容易消失的地方，即使风吹雨打也忘不了。"

（三）

帮助汉高祖刘邦打平天下的大将韩信，在未得志时，境况很是困苦。那时候，他时常钓鱼，希望碰着好运气，可以解决生活问题。但是，这毕竟不是长远之计，他常常要饿肚子。在他时常钓鱼的地方，有很多漂母（清洗丝棉絮或旧衣布的老婆婆）在河边作工，其中有一位漂母很同情韩信的遭遇，便不断地接济他，给他饭吃。韩信在艰难困苦中，得到那位仅能以双手勉强糊口的漂母的恩惠，很是感激，便对她说自己将来必定要重重地报答她。漂母听了韩信的话很不高兴，表示并不希望韩信将来报答她。后来，韩信替汉王立了不少功劳，被封为楚王，他想起从前曾受过漂母的恩惠，便命人送酒菜给她吃，还送给她一千两黄金作为答谢。"一饭千金"由此而来，意思是受人恩惠切莫忘记，虽然所受的恩惠很小，但在困难时，即使一点点帮助也是很可贵的。当自己有能力时，应重重地报答施惠的人。

（四）

美国总统罗斯福常怀感恩之心。据说有一次他家里失盗，被偷去了许多东西，一位朋友闻讯后，忙写信安慰他。罗斯福在回信中写道："亲爱的朋友，谢谢你来信安慰我，我现在很好，感谢上帝：第一，贼偷去的是我的东西，而没有伤害我的生命；第二，贼只偷去我部分东西，而不是全部；第三，最值得庆幸的是，做贼的是他，而不是我。"对任何一个人来说，失盗绝对是不幸的事，而罗斯福却找出了感恩的三条理由。

三、做一个反思

西方国家有"感恩节"，中国自古以来就倡导"滴水之恩，当涌泉相报"，时至社会高速发展的今天，一些人却不懂得感恩了。一些以自我为中心的学生，在家里，吃饭时最好的菜他一人独享；电视遥控器他一人主宰；时不时给父母脸色看，不知感谢父母。在学校，坐在宽敞明亮的教室，使用优良的教学设备，不知感谢社会。在课堂上，老师上课他打瞌睡；自习课随意讲话；在集体活动中不为增强集体凝聚力而努力，总是破坏集体良好的氛围；做操时不能遵守纪律，在能展示班集体精神面貌的时候拖集体后腿；老师苦口婆心的规劝他视为耳边风，同学们良好的学习环境遭到有些人的破坏，想学习的人严重受到影响；大多数积极的同学的辛勤付出，被几个不知感恩的同学轻易破坏掉。这些都是不知感恩的表现。

享用着大自然赐给我们的一切，不知感激和保护它，反而随意破坏它……这些人常常是"要求"多于"感恩"，只顾自己的利益，将父母、亲人、师长、朋友、同学的帮助视为理所当然、天经地义。

（1）为什么要学会感恩？

（2）怎样学会感恩？

四、做一个调查

调查问卷：关于父母，你了解多少？

问卷1：

问　　题	是	否
1. 你是否知道父母的生日？		
2. 你是否知道父母的体重？		
3. 你是否知道父母穿多少码的鞋？		
4. 你是否知道父母喜欢的颜色？		
5. 你是否知道父母喜欢的食物？		
6. 你是否知道父母喜欢的日常消遣活动？		
7. 你是否知道父母喜欢做的运动？		
8. 你是否知道父母的口头禅？		

问卷2：

问　　题	知　道	不知道
1. 父母年收入多少？		
2. 每年家中生活费约为多少元？占年收入的多少？		
3. 每年自己支出多少元？占父母年收入的多少？		

五、写一篇反思

以"感恩"为主题，写一篇不少于800字的演讲稿，在班级或小组演讲展示（可参考以下内容）。

走近父母的方法：

（1）多向父母表达你爱他们。

• 主动承担家务；

• 纪念日、节日送点小礼物；

• 遇特别情况写一封信表达感激；

• 适时为父母倒杯茶、削个水果。

（2）和父母有分歧时学会换位思考，站在父母的角度去想一想。

（3）应让父母感觉你相信他们，多交流并经常给予赞美。

• 多向父母说说自己的情况、自己的愿望；

• 多倾听父母的话；

• 遇上烦恼，告诉父母，寻求父母的帮助。

（4）回家和外出主动给父母打招呼。

只要能理解、孝敬、尊重父母，你就和父母走近了。

不知不觉，我们长大了。曾几何时，岁月的年轮刻在父母的身上。他们的脸上爬上了皱纹，头发中映出几根银丝。他们的步履不再矫健，他们的腰背不再笔挺。这一切都是为我们操劳的呀！

亲爱的同学们，我们的父母期望并不多，只要有我们的一句问候、一次搀扶、一杯茶水、一个微笑、一次感谢，他们就满足了。感恩父母，他们给予我们生命；感恩父母，他们给予我们幸福生活；感恩父母，他们引领我们健康成长。

六、搜集一个案例

搜集一个关于感恩的案例。

第六课　胸吞百川流

一、说一说宽容

1. 诗画宽容

宽容是一种高贵的品质，一种崇高的美德。宽容就像天上的细雨滋润着大地。它赐福于宽容的人，也赐福于被宽容的人。所以，宽容别人，就是成就自己。多一点对别人的宽容，我们生命中就多一点空间。

人如果选择计较，他将在黑暗中度过余生；如果选择宽容，他能将阳光洒向大地。宽容，永远都是一片晴天。

2. 大家说宽容

- 忍耐是痛苦的，但它的结果是甜蜜的。
- 一个伟大的人有两颗心：一颗心流血，一颗心宽容。
- 紫罗兰把它的香气留在那踩扁了它的脚踝上，这就是宽恕。
- 有时宽容引起的道德震动比惩罚更强烈。
- 没有宽宏大量的心肠，便算不上真正的英雄。
- 胸中天地宽，常有渡人船。
- 君子量不极，胸吞百川流。
- 唯宽可以容人，唯厚可以载物。
- 海纳百川有容乃大，山高万仞无欲则刚。
- 度尽劫波兄弟在，相逢一笑泯恩仇。

3. 拆字解宽容

"宽容"都是宝盖头，可见都是宝贝。"宽"下面，是草字头和"见"，也就是说像杂草一样的看法都允许并存。可是我们往往连一种异见都无法包容，何况更多乎？"容"是两个"人"和一个"口"，就是你说你的理，我说我的理，不妨求同存异，但我不会让你没有说话的权利。

二、讲讲宽容的故事

六尺巷

清朝时，张英老家人与邻居吴家在宅基的问题上发生了争执。张家人千里传书到京城求救。张英收书后批诗一首寄回老家："一纸书来只为墙，让他三尺又何妨？长城万里今犹在，不见当年秦始皇。"张母家人豁然开朗，把墙主动退后三尺；吴家见状深感惭愧，也把墙退后三尺。这样，张叶两家的院墙之间，就形成了六尺宽的巷道，成了有名的"六尺巷"。

宽大为怀的毕加索

毕加索对冒充他的作品的假画毫不在乎，从不追究，看到有伪造他的画时，最多只把伪造的签名涂掉。"我为什么要小题大做呢？"毕加索说，"作假画的人不是穷画家就是老朋友，我不能和老朋友为难，而且那些鉴定真迹的专家也要吃饭，而我也没吃什么亏。"

绝缨之宴

春秋时期，各诸侯国战乱不断。楚庄王因名将养由基一次平定叛乱大宴群臣，宠姬嫔妃也统统出席助兴。席间丝竹声响，轻歌曼舞，美酒佳肴，觥筹交错，直到黄昏仍未尽兴。楚王乃命点烛夜宴，还特别叫最宠爱的两位美人许姬和麦姬轮流向文臣武将们敬酒。忽然一阵疾风吹过，筵席上的蜡烛都熄灭了。这时一位官员斗胆拉住了许姬的手，拉扯中，许姬撕断衣袖得以挣脱，并扯下了那人帽子上的缨带。许姬回到楚庄王面前告状，让楚王点亮蜡烛后查看众人的帽缨，以便找出刚才无礼之人。楚庄王听完，却传令不要点燃蜡烛，而是大声说："寡人今日设宴，与诸位务要尽欢而散。现请诸位都去掉帽缨，以便更加尽兴饮酒。"听楚庄王这样说，大家都把帽缨取下，这才点上蜡烛，君臣尽兴而散。席散回宫，许姬怪楚庄王不给她出气，楚庄王说："此次君臣宴饮，旨在狂欢尽兴，融洽君臣关系。酒后失态乃人之常情，若要究其责任，加以责罚，岂不大煞风景？"许姬这才明白楚庄王的用意。这就是历史上著名的"绝缨之宴"。7年后，楚庄王伐晋。一名战将主动率领部下先行开路。这员战将所到之处拼力死战，大败敌军，直杀到晋国国都之前。战后楚庄王论功行赏，才知其名叫唐狡。他表示不要赏赐，坦承7年前宴会上无礼之人就是自己，今日此举全为报7年前不究之恩。

古人讲："君则敬，臣则忠。"楚庄王能够成为"春秋五霸"之一，与其心胸开阔、知人善任不无关系。假如没有绝缨宴，也许唐狡早就被处死了，楚国伐郑就不一定能胜，楚庄王的春秋大业也就不一定能够成就了。

三、做一个引领

（1）某班干部在自习课上因为 A 违纪而登记了他的名字，A 下课后到班干部处求情，班干部就把他的名字从违纪本上擦掉了。于是 A 到处为班干部说好话，说他是一个大度宽容的人。

（2）我的好朋友又来向我借钱了，他已经是第三次向我借钱了，每次他都愧疚地说，钱玩"老虎机"输光了，以后会还的。看着他可怜的样子，我只好借给他。

（3）在单车棚里，你发现一个学生正在撬一辆单车，你很憎恨他的行为，但你并不揭发他。

（4）某班干部一向公正严明，对于违纪的同学严管不误，有部分同学认为他多管闲事，太不宽容了，在投票选举时没有投该班干部的票。到底不宽容的是班干部，还是那部分同学呢？

切记：宽容是有原则的，宽容不是纵容。

四、做一个测试

心理测试：测试你的气量（是打"√"，否打"×"，介于中间打"○"）。

（1）你是否不计较别人对你讲话的态度？（　　　）

（2）你是否喜欢嘲笑或贬低与你意见不一致的人？（　　　）

（3）你是否乐于看到同你关系不好的人取得成绩？（　　　）

（4）你和别人争吵以后，是否常常越想越气？（　　　）

（5）你听到有人讲你的坏话，是否能做到一笑了之？（　　　）

（6）别人讲话刺伤了你，你是否一定要回敬对方几句？（　　　）

（7）你是否容易原谅别人不自觉的过失？（　　　）

（8）你认为老实人在生活中经常吃亏吗？（　　　）

（9）你是否常常认为老师对你的批评是出于好意？（　　　）

（10）朋友们是否指责你为人过于敏感？（　　　）

（11）你愿意同以前和你对立的人一起玩吗？（　　　）

（12）你与别人相处是否信奉"人不犯我，我不犯人；人若犯我，我必犯人"？（　　　）

上述 12 道题，你可以按自己行为表现符合的程度进行打分。凡是单数题，打"√"的计 2 分，打"○"的计 1 分，打"×"的计 0 分；凡是双数题，打"√"的计 0 分，打"○"的计1分，打"×"的计2分。

21分及以上，说明你是一个气量很大的人，你不计较别人对你的态度，善于原谅别人的过失，相信你是一个很容易和同学、同事、家人相处的人。

14~20分，说明你的气量还可以，在很多问题上，你能原谅别人的态度，但在有些问题上，你又同别人很计较。总的来说，你是一个比较容易同人相处的人。

7~13分，说明你气量不是很大，在不少问题上，你计较别人对你的态度，计较自己的个人得失，你和同学、同事、家人相处不时会发生矛盾。

6分及以下，说明你的气量很小，你经常生别人的气，认为别人和你过不去，而且试图还击或报复别人。你总是感到压抑，别人也不喜欢同你相处。

五、做一次反省

"我身上有不宽容的影子吗？"

"曾经发生的那件事情，我觉得自己当时不够宽容……"

"假如时光可以倒流，那件事我会这么做……"

请以上面的文字为开头，写一篇日记，用"宽容"的镜子照一照自己的心灵。

/ 第四部分 /

对集体负责

第一课　团结就是力量

一、说一说团结

1.诗画团结

一块砖，只有与其他砖堆砌在一起才能成就万丈高楼；一滴水，只有汇入大海才能获得永存；一棵树，只有生长在丛林里才能成为蔚为壮观的森林的一部分。一个人要成就事业需要团结合作；一个集体要在竞争中获胜也需要团结协作；一个家庭只有团结和睦，才能美满幸福；一个国家，一个民族，只有团结起来才能昌盛发达。携起手来吧，团结就是力量。

2.大家说团结

- 我们知道个人是微弱的，但是我们也知道整体就是力量。
- 为了进行斗争，我们必须把我们的一切力量拧成一股绳，并使这些力量集中在同一个攻击点上。
- 只要千百万劳动者团结得像一个人一样，跟随本阶级的优秀人物前进，胜利也就有了保证。
- 一个人如果单靠自己，如果置身于集体的关系之外，置身于任何团结民众的伟大思想的范围之外，就会变成怠惰的、保守的、与生活发展相敌对的人。
- 我不应把我的作品全归功于自己的智慧，还应归功于我以外向我提供素材的成千成万的事情和人物。
- 二人同心，其利断金。
- 民齐者强。
- 人心齐，泰山移。
- 人是要有帮助的。荷花虽好，也要绿叶扶持。一个篱笆打三个桩，一个好汉要有三个帮。

• 一朵鲜花打扮不出美丽的春天，一个人先进总是单枪匹马，众人先进才能移山填海。

• 一堆沙子是松散的，可是它和水泥、石子、水混合后，比岩石还坚硬。

• 滴水是有沾润作用，但滴水必加入河海，才能成为波涛。

二、讲一讲故事

1. 哲理小故事

导语：有时候，成功并不是一个人的努力就可以完成的。那些成就，需要团队的智慧与努力，团结就是力量。

钓 鱼

从前，有两个饥饿的人得到一个长者的恩赐，一根渔竿和一篓鲜活硕大的鱼。其中一个人要了渔竿，另一个人要了一篓鱼，他们得到各自想要的东西后便分道扬镳。其中一个人马上把鱼烧起来吃了，结果死在了空空的鱼篓边；另一个人向海边走去，因为他知道海里有鱼，当他看到海洋的蔚蓝，用尽了最后的力气向海边跑去，结果死在了海边。

另外同样有两个饥饿的人，他们也得到了同样的一根渔竿和一篓鲜活硕大的鱼。不同的是，他们俩没有分开，而是一起每餐煮一条鱼，然后向遥远的海边走去。从此他们过着以捕鱼为生的日子。过了几年，他们盖了自己的房子，后来又各自娶了妻子，生了小孩，过着幸福美满的生活。

故事前后两种截然不同的结果，是因为前者缺少合作精神，后者则通过团结合作、相互帮助取得了成功。

雁的启示

每年的 9—11 月，加拿大境内的大雁都要成群结队地往南飞行，到美国东海岸过冬，第二年春天再飞回原地繁殖。在长达万里的航程中，它们要遭遇猎人的枪口，历经狂风暴雨、电闪雷鸣、寒流及缺水的威胁，但每一年它们都能成功往返。雁群一字排开成 "V" 字形时，这比孤雁单飞提升了 71% 的飞行能量。

当每只雁振翅高飞时，为后面的队友提供了 "向上之风"，这种省力的飞行模式，让每只雁最大地节省了能量。当某只雁偏离队伍时它会立刻发现单独飞行的辛苦及阻力，然后马上飞回团队，利用前面伙伴提供的 "向上之风"。当前导的雁疲倦时，它会退到队伍的后方，而另一只雁则会飞到它的位置上进行填补。当某只雁生病或受伤时，会有其他两只雁飞出队伍跟在后面协助并保护它，直到它康复，然后它们重新组成"V"字形，飞行追赶团队。

其实，如果我们如雁一般，无论在困境或顺境时都能彼此维护，互相依赖，再艰辛的路程也不惧怕遥远。生命的奖赏是在终点而非起点，在旅程中遭尽坎坷，你可能还会失败，只要团队相互鼓励，坚定信念，终究一定能够成功。

狼的团队精神

多么壮丽的场面！广阔无垠的旷野上，一群狼踏着积雪寻找猎物。它们最常用的一种行进方法是单列行进，一匹挨着一匹。头狼的体力消耗最大。作为开路先锋，它在松软的雪地上率先冲开一条小路，以便让后边的狼保存体力。当头狼累了，便会让到一边，让紧跟在身后的那匹狼接替它的位置。这样它就可以跟在队尾轻松一下，养精蓄锐，迎接新的挑战。

在一对头狼夫妇的带领下，狼群中每一匹狼都要为群体的幸福承担一分责任。比如，在母头狼产下一窝幼崽后，通常会有一位"叔叔"担当起"总保姆"的工作，这样母头狼就可以暂时摆脱责任，和公头狼去进行"蜜月狩猎"。狼群中每个成员都不希望做固定的猎手、保姆或哨兵——不过，每一匹狼都在扮演着至关重要的角色。

早在与成年狼嬉闹玩耍时，狼崽们就被耐心地训练承担领导狼群的重任。它们这样做是因为生活本该是这样。

成功的团体和幸福的家庭也是如此。每位成员不仅要承担自己的义务，还要准备随时承担起更大的领导责任。一个团体的生命很可能就维系于此。

狼不仅与同类密切合作，还可以与其他种类的生物和睦相处。这样做是为了达到双方合意的目标，有时就单是为了好玩。

乌鸦就是一个例子。乌鸦富有空间观察的经验，当它发现一个受伤或死掉的猎物时，通常会像报信者一样，把狼和其他乌鸦叫到现场。狼可以撕开猎物的尸体，这样乌鸦们就可以享用美食了。

狼有时会闹着玩似的扑向乌鸦，乌鸦也会在狼进食的时候啄它的屁股。两种动物不仅能和平相处，而且很显然它们之间存在着依据大自然的效率法则和数千年的经验逐渐形成的错综复杂的合作关系。

狼与狼之间的默契配合成为狼成功的决定性因素。同样，它们与乌鸦之间的默契配合也有助于改善两者的生活环境。

蚂蚁的表现

英国科学家把一盘点燃的蚊香放进一个蚁巢。开始，巢中的蚂蚁惊恐万状，约20秒钟后，许多蚂蚁见难而上，纷纷向火冲去，并喷射出蚁酸。可一只蚂蚁喷射的蚁酸量毕竟有限。因此，一些"勇士"葬身火海。但它们前仆后继，不到一分钟，就将火扑灭。存活者立即将"战友"的尸体移送到附近的一块"墓地"，盖上一层薄土，以示安葬。

一个月后，这位动物学家又把一支点燃的蜡烛放到原来的那个蚁巢进行观察。尽管这次"火灾"更大，但蚂蚁有了上次的经验，调兵遣将迅速，协同作战有条不紊。不到一分钟，烛火即被扑灭，而蚂蚁无一遇难。科学家认为蚂蚁创造了灭火的奇迹。蚂蚁面临灭顶之灾的非凡表现，尤其令人震惊。

在野火烧起的时候，为了逃生，众多蚂蚁迅速聚拢，抱成一团，然后像滚雪球一样飞速滚动，逃离火海。那噼里啪啦的烧焦声，是最外层的蚂蚁用自己的躯体开拓求生之路时的呐喊，是奋不顾身、无怨无悔的呐喊。

在洪水暴虐的时候，聚在堤坝上的人们凝望着凶猛的波涛。突然有人惊呼："看，那是什么？"一个好像人头的黑点顺着波浪漂过来，大家正准备进行营救。"那是蚁球，"一位老者说，"蚂蚁这东西，很有灵性。有一年发大水，我也见过一个蚁球，有篮球那么大。洪水到来时，蚂蚁迅速抱成团，随波漂流。蚁球外层的蚂蚁，有些会被波浪打入水中。但只要蚁球能上岸，或能碰到一个大的漂流物，蚂蚁就得救了。"没过多久，蚁球靠岸了，蚁群像靠岸登陆艇上的战士，一层一层地打开，迅速而井然地一排排冲上堤岸。岸边的水中留下了一团不小的蚁球，那是蚁球里层的英勇牺牲者。它们再也爬不上岸了，但它们的尸体仍然紧紧地抱在一起，那么平静，那么悲壮。

2. 讨论提纲

（1）试分别概括这几则小故事的寓意。
（2）你从这些故事中获得了怎样的启示？
（3）对于团结与合作，你是怎么做的？

3. 自由发言

讲讲发生在自己身边合作共赢的故事。

三、做一个引领

（1）为什么我们需要团结与合作？它对你的学习与生活有什么重要意义？

（2）你为他人或班集体做过哪些有意义的事？说出来和大家分享。

四、做一个活动

"团结就是力量"活动小贴士：

（1）谈谈你对活动主题的理解。

（2）开展几个需要与同学协作完成的小游戏。

（3）演唱《团结就是力量》《朋友》《众人划桨开大船》等歌曲。

（4）畅谈本次活动的收获与感受。

五、写一篇反思

（1）通过以上的故事与活动，你对集体有了什么新的理解和认识？

（2）你在今后的学习和生活中会怎样对集体负责？

（3）对你现在的班集体有什么好的建议？把你的心里话写下来，一定是一篇不错的作文。

六、搜集一个案例

搜集一个关于热爱集体的案例。

第二课　集体是成长的摇篮

一、说一说集体

1. 诗画集体

　　"鹰击长空，鱼翔浅底，万类霜天竞自由。"毛泽东主席的这句诗词，描绘的是秋天大自然的美景，同时也告诉我们一个朴素而又浅显的道理：雄鹰离不开蓝天，鱼儿离不了水，个人也离不了集体。集体是每个人成长的摇篮，关心和热爱自己所在的集体，不只是一种感恩行为，更是个人成长成才的必由之路。

2. 大家说集体

- 只有在集体中，个人才能获得全面发展其才能的手段，也就是说，只有在集体中才可能有个人自由。
- 要永远觉得祖国的土地是稳固地在你脚下，要与集体一起生活，要记住，是集体教育了你。那一天你若和集体脱离，那便是末路的开始。
- 谁若认为自己是圣人，是埋没了的天才，谁若与集体脱离，谁的命运就要悲哀。集体什么时候都能提高你，并且使你两脚站得稳。
- 任何一种不为集体利益打算的行为，都是自杀的行为，它对社会有害。
- 人的巨大的精神力量就在这里，觉得自己在友好的集体里面。
- 集体的习惯，其力量更大于个人的习惯。因此如果有一个有良好道德风气的社会环境，是最有利于培训好的社会公民的。
- 集体的力量如钢铁，众人的智慧如日月。
- 即使是最好的儿童，如果生活在组织不好的集体里，也会很快变成一群小野兽。
- 共同的事业，共同的斗争，可以使人们产生忍受一切的力量。
- 儿童集体里的舆论力量，完全是一种物质的实际可以感触到的教育力量。
- 对父母和同志，对集体和社会，对人民和祖国的义务感，要像一根红线一样贯穿人的一生。不懂得什么是义务和缺乏义务感，就谈不上人的道德，也谈不上集体。
- 人，力不如牛，走不若马，而牛马为用何也？曰：人能群，彼不能群也。
- 活着，为的是替整体做点事，滴水是有沾润作用，但滴水必加入河海，才能成为波涛。

- 个人之于社会等于身体的细胞，要一个人身体健全，不用说必须每个细胞都健全。
- 集体生活是儿童之自我向社会化道路发展的重要推动力；为儿童心理正常发展的必需。一个不能获得这种正常发展的儿童，可能终其身只是一个悲剧。

二、讲一个故事

1. 读一个故事

少年救火英雄赖宁

赖宁（1973—1988），四川省石棉县人。父亲是赖正刚，母亲是黄和榕。

他品学兼优，全面发展，立志成为和李四光一样伟大的地质学家。从上小学开始，赖宁年年被评为三好学生、少先队小主席和优秀少先队员，深受老师和同学们的喜爱。曾获省红领巾读书读报奖章活动一等奖，地区少年儿童绘画比赛二等奖和县儿童书法比赛一等奖。小学毕业后，他放弃了保送，在石棉县 5264 名小学毕业生中以全县第一名的成绩考入重点中学——石棉县中学。

赖宁从小就有极强的社会责任感。10 岁那年曾致信石棉县人民政府，强烈要求打击大渡河边的非法捕捞行为。

赖宁的家乡石棉山区是火险区。赖宁读小学的时候曾 3 次上山灭火。他做了这些事，既不写出来，更不告诉别人，直到林业部门把表扬信寄到学校，老师才知道。

1988 年 3 月 13 日下午 3 点 38 分，石棉县海子山因电线短路发生山林火灾。火借风势，刹那间山上一片火海。大片森林、卫星电视转播台和石油公司油库，都面临着巨大的威胁。

赖宁写完作业，和生病卧床休息的妈妈说："我下楼走一走。"妈妈特意嘱咐："外面风大，别走远了！"下了楼，赖宁一眼便瞧见了冲天的火焰。他连告诉妈妈一声都来不及，就飞快地直奔火场。赖宁跑到山上，挥动松枝奋力灭火。高达二三十米的火焰，狂烧猛窜，赖宁和他的伙伴奋不顾身，一次次地冲向火海。这时天色已晚，现场指挥救火的县领导命令用汽车将参加救火的学生强行送下山。

赖宁、周伟、王海等同学也被拉上了车。在车上，有个同学遗憾地说："唉，今晚看不成电视剧《再向虎山行》了。"赖宁却风趣地说："那我们就再向火山行！"一车人都笑了。山间的火势越来越猛，烧焦的枯枝败叶在火焰的冲腾下漫天飞舞，发出噼啪的爆响。天黑了，山陡路滑，风助火势，野火更猖獗了。虽然被大人一次次拉走，赖宁还是偷偷溜回去继续扑火。大火终于扑灭了，3500余亩森林保住了，卫星电视转播台和石油公司油库都平安无事了。14日上午，人们在海子山南坡的过火林带中，发现了赖宁的遗体。他的右臂紧紧挽着一棵小松树，额头靠着山坡，眼镜丢失了，左手撑着地，右腿还保持着向上攀登的姿势。

1988年3月，中国共青团、国家教委做出决定，授予赖宁"中国少年先锋队小主席""英雄少年"和"全国十佳少先队员（名列第一名）"等荣誉称号，号召全国各族少年向赖宁学习——"学习他胸怀大志，从小做起；做好小主席，保卫财产；学习他热爱科学，勇于实践；学习他积极进取，全面发展；学习他热爱祖国，临危不惧的精神。"

2009年9月，赖宁被评为"100位新中国成立以来感动中国人物"。

精神争议　见义勇为

赖宁曾在20世纪90年代作为整个中国学生学习"见义勇为"精神的榜样，然而进入21世纪，赖宁似乎正逐渐被淡化。赖宁精神中过度宣扬和鼓励未成年人见义勇为被认为与保护未成年人的原则不相符。《小学生道德行为规范》修订版中也删去了其中关于"见义勇为"的叙述，将原版中"见义勇为，敢于斗争，对违反社会公德的行为要进行劝阻，发现违法犯罪行为及时报告"改为了"敢于斗争，遇到坏人坏事主动报告"。《中小学幼儿园安全管理办法》明确规定，学校不得组织学生参加抢险活动。

赖宁精神

赖宁成为一种精神力量的载体，如果我们忽视或隐去他的未成年人身份，我们依然会被他感动。可见，我们看重的是赖宁身上所体现出来的利众精神，我们绝不倡导少年儿童用牺牲生命作代价去见义勇为，但我们也要鼓励孩子们从小培养见义勇为的高尚品德，鼓励他们在力所能及的范围内见义勇为。这是一种具有普适性的永恒的价值追求。从这个层面上看，赖宁这个精神符号永不过时，任何时候都有其存在和弘扬的巨大价值。

2. 讨论提纲

（1）赖宁的身上体现了一种什么样的精神？

（2）你崇拜什么样的英雄？

（3）对于集体，我们应该以什么样的方式去维护它的荣誉和利益？

三、做一个引领

（1）为什么我们需要热爱自己所在的集体？集体对个人成长有什么重要意义？

（2）你曾为班级或学校争得过哪些荣誉？说出来和大家分享。

（3）你怎样理解"一个人的成长离不开集体的力量"？试举例说明。

四、做一个调查

调查一类人对集体的态度。

问　　题	答案 A	答案 B	答案 C	结　　论
1. 你认为该如何对待集体？	全力以赴	只是形式	与己无关	
2. 你认为集体利益与个人利益谁更重要？	集体利益	个人利益	两者都重要	
3. 如果你是上述故事中的一个学生，你会怎么做？	见义智为	见义勇为	躲得远远的	
4. 你如何评价自己所在的学校或班集体？	优秀	良好	不好	
5. 你喜欢自己的学校和班集体吗？	相当喜欢	一般	不喜欢	

五、写一篇反思

（1）读了这个故事，你得到什么启示？

（2）关于建设一个好的班集体，你有什么建议？

六、搜集一个案例

搜集一个关于为集体勇争荣誉的案例。

第三课　纪律是制胜的法宝

一、说一说纪律

1. 诗画纪律

国有国法，家有家规。大到一个国家，小到一个班级、一个小组，都有自己的法律法规、规章制度。这是我们每个人都必须遵循的规矩。"无规矩不成方圆"讲的就是这个理。新时期人民解放军的口号是"听党指挥、能打胜仗、作风优良"。听党指挥是人民军队的灵魂，就某种意义而言，讲的就是严守纪律这回事。一个纪律严明的团队或班级，也一定是一个优秀的团队或班集体，所以说"纪律是制胜的法宝"。

2. 大家说纪律

- 不要过分地醉心于放任自由，一点也不加以限制的自由，它的害处与危险实在不少。
- 纪律是集体的面貌，集体的声音，集体的动作，集体的表情，集体的信念。
- 任何一个新的社会制度都要求人与人有新的关系，新的纪律。
- 如果你敢于宣称自己是受限制的，你就会感到自己是自由的。
- 没有纪律，就既不会有平心静气的信念，也不能有服从，也不会有保护健康和预防危险的方法了。
- 我们不能仅靠人类内心爱自由来维护自由。
- 纪律是达到一切雄图的阶梯。
- 人民的安全是至高无上的法律。
- 秩序是自由的第一条件。
- 无道德则不能存在。
- 自由是在法律许可的范围内，做任何事的权利。
- 纪律是胜利之母。
- 节制是一种秩序，一种对于快乐与欲望的控制。
- 要有必要的清规戒律。
- 木直中绳，𫐐以为轮，其曲中规。虽有槁暴，不复挺者，𫐐使之然也。
- 欲知平直，则必准绳；欲知方圆，则必规矩。

• 不以规矩，不能成方圆。

二、讲一个故事

1. 读一个故事

邱少云（1926—1952），革命烈士，中国人民志愿军一级英雄。邱少云在抗美援朝战争期间执行一次潜伏任务时，不幸被敌人燃烧弹击中，全身被火焰燃烧，但他为了不暴露目标，不影响整体战斗部署，始终趴在火中，纹丝不动，直至光荣牺牲，用自己的生命换取了整场战斗的胜利。

1952 年 10 月 11 日，邱少云和他的战友奉命到离敌人阵地很近的地方去潜伏，等到第二天傍晚发起战斗，以便突然袭击消灭敌人。他们潜伏的地方是在敌人盘踞的三九一高地的山坡上，那里没有隐蔽身体的地形和树木。要战士们在这样一个地方隐蔽二十多个钟头，不让敌人发现，是极不容易的事情。战士们出发以前，部队首长特地对他们讲："你们这次去潜伏，要靠巧妙的伪装，要靠沉着，更重要的是要遵守潜伏纪律。哪怕有人被敌人子弹打中了，也不能暴露目标。"战士们回答说："请首长放心，为了祖国，为了胜利，为了中朝人民，在任何情况下也要潜伏好，完成战斗任务。"

天黑以后，战士们秘密地摸到了潜伏地。他们三个一组、四个一组地分散开来，潜藏在草丛中。每个人从头到脚都插上了野草，伪装得像山坡上的草一样，凉风吹过，人身上的草和地上的草随风摇摆，显不出一点儿痕迹。战士们可以清楚地看到从地堡枪眼里伸出来的敌人机枪筒和从瞭望孔缩头缩脑向外张望的面孔，有时，敌人讲话的声音也能清楚地听到。时间一分一秒地过去，到第二天 11 点钟的时候，敌人盲目发射的一颗燃烧弹突然落在邱少云身边，并且烧着了他身上的野草。这时，他只要站起来是完全可以扑灭身上的火苗的。但是，邱少云深切地懂得，要是这样做，就会被山顶上的敌人发觉，潜伏在这里的几十位战友就会有危险，原定的战斗计划也就不能完成。我军阵地上的指挥员看到潜伏地冒起了烟火，连忙命令炮兵向敌人轰击，扰乱敌人的注意力。这时候，邱少云还是没有爬起来扑灭自己身上的火焰。火焰已经延蔓烧了他的头上。在这个生死关头，邱少云紧握着压满子弹的冲锋枪，看看前面不远的敌人，很想冲上去和敌人拼了，但是他没有这样做。烈火继续在燃烧着，烧烂了邱少云的皮肤。邱少云忍受着难以想象的肉体痛苦，咬着牙，把两手深深地插入泥土。他猛地抬起头来，用微弱的声音向离他最近的战友李士虎说："胜利是我们的，但是我不能完成爆破任务了，这个任务交给你去完成吧！"说完，他又痛苦地把被烈火烧着的身体更紧地贴到地上，一直到牺牲时，也没动一下。烈火烧了二十多分钟，直到邱少云牺牲后，烈火才熄灭了。

我们的英雄——邱少云就是这样以超人的意志力，为祖国、为集体、为胜利而忍受了肉体的苦痛，以至到最后献出了自己宝贵的生命。

2. 讨论提纲

（1）邱少云只要怎么做就可以保全性命？谈谈他为什么没有那么做。

（2）你想对英雄说点什么？

3. 自由发言

讲一讲你知道的严守纪律的故事或不守纪律造成严重后果的事情。

三、做一个引领

（1）你认为纪律对一个集体很重要吗？谈谈你是如何遵守纪律的。

（2）你对那些不遵守纪律的同学反感吗？你会如何劝解一位不愿意遵守纪律的同学？

（3）谈一谈如何加强班集体、学校的纪律建设。

四、做一个调查

调查一类人对纪律的态度。

问 题	答案 A	答案 B	答案 C	结 论
1. 你认为该如何对待班级或学校的纪律？	自觉遵守，全力维护	自己遵守，不管他人	太约束人了	
2. 你认为什么纪律最重要？	班级纪律	学校纪律	两者都重要	
3. 如果你是邱少云，你会怎么做？	牺牲自我，夺取胜利	保全自我	不想当邱少云	
4. 如何评价你现在班级的纪律？	优秀	良好	糟糕得很	
5. 你愿意为班级的纪律建设建言献策吗？	相当愿意	一般	不愿意	

五、写一篇反思

（1）这个故事，你得到什么启示？

（2）关于班级的纪律建设，你有什么好的建议？

六、搜集一个案例

搜集一个关于严守纪律的案例。

第四课　为荣誉而奋斗

一、说一说荣誉

1. 诗画荣誉

中国女排曾为中国赢得了巨大的荣誉，女排精神曾被运动员们视为刻苦奋斗的标杆和座右铭，鼓舞着他们的士气和热情。更关键的是，它因契合时代需要，不仅成为体育领域的品牌意志，更被强烈地升华为民族面貌的代名词，演化成指代社会文化的一种符号。它一直与女排的得失、沉浮紧紧联系在一起，并成为评价中国女排的最难以割舍的标准。

女排精神之所以备受推崇，最重要的是那种足以流芳百世的不畏强敌、顽强拼搏、永不言弃的精神，远远比"五连冠"本身更能鼓舞国人。

2. 大家说荣誉

- 荣誉不能寻找，任何追求荣誉的做法都是徒劳的。
- 荣誉就像河流：轻浮的和空虚的荣誉浮在河面上，沉重的和厚实的荣誉沉在河底里。
- 荣誉使艺术盛兴，一切有志于钻研的人，无不受着荣誉感的激动。
- 荣誉是美德的影子。
- 荣誉在于劳动的双手。
- 失去朋友甚于失去财产，而失去名誉则毁了一生。
- 世界荣誉的桂冠，都用荆棘编织而成。
- 树由其果实而得名。
- 通向荣誉的路上并不铺满鲜花。
- 我所希冀的名声只是让人知道我曾安静地度过一生。
- 无瑕的名誉是世间最纯粹的珍珠。
- 性清者荣，性浊者辱。
- 一个放弃了名誉的人就等于放弃了生命。

- 一个人个人的尊严并非在获得荣誉时，而在于本身真正值得这荣誉。
- 应当把荣誉当作你最高的人格的标志。
- 遇到的困难越多，得到的荣誉也越大。

二、讲一个荣誉的故事

1. 中国女排故事

中国女排于 2019 年 9 月 29 日以 11 战全胜的战绩夺得 2019 年世界杯冠军，在颁奖仪式后，主教练郎平和队员朱婷、张常宁、袁心玥接受了采访。郎平表示夺冠是献给祖国最好的生日礼物，女排精神就是做好每一天。

谈到夺冠后的感受时，郎平说："正逢世界杯结束的时候，是祖国 70 周年的生日，这个冠军是最好的生日礼物，奉献给祖国，祝祖国生日快乐。"

朱婷说："对于再次获得 MVP 感觉很开心，上一届也是获得冠军，也是获得 MVP，这次又是蝉联。感谢中国女排，感谢我们队每一个人。"

张常宁说："感觉很兴奋，能登上冠军领奖台是对我们一年努力的肯定。"

袁心玥说："又是一年世界杯，不一样的感受，但是同样的喜悦。"对于自己的进步，袁心玥表示自己还是有起伏的，未来还有许多更重要的比赛，需要更加努力。

女排精神是做好每一天

谈到新时代的女排精神时，郎平表示："女排精神没有变化，就是做好每一天。无论遇到什么样的困难，都要强调团队精神。我们要踏踏实实地做好本职工作。"

朱婷说："女排精神一直都是一个传承，从郎导开始五连冠到我们这一代，本质的东西是没有变的，一直在丰富内涵，是集体的象征，团队的象征，大家一起努力，永不放弃。"

张常宁说："我认为女排精神就是哪怕有百分之一的希望，也要付出百分之百的努力。无论遇到什么挫折，都不要放弃。在遇到困难时，就是不放弃自己，在训练中努力提高，教练在训练中也给予我很大的帮助。"

袁心玥说："新时代的女排精神，到我们这代就是传承，我们每天就是不断完善自己，不管有多少困难，都会坚定地走下去。"

早在 2016 年 8 月 21 日，巴西里约热内卢小马拉卡纳球场，中国女排 3：1 击败塞尔维亚队，时隔 12 年第三次捧起奥运会冠军奖杯。

郎平和她的队员们在小组赛出师不利的情况下上演"绝地反击"，东道主巴西、小组赛曾战胜自己的荷兰和塞尔维亚都没能挡住她们前进的脚步。对于向来有"女排情结"的中国人而言，这个冠军重于千钧，五星红旗飘扬那一刻，《义勇军进行曲》响起那一刻，激动与幸福的泪水美于一切。感动是一种力量，它总能直抵灵魂，温润心灵。

让我们把记忆回溯到 20 世纪 80 年代。排球世界杯赛、世界排球锦标赛和奥运会中的排球赛是代表世界最高水平的三个大型排球比赛。1979 年底，在中国恢复国际奥委会席位仅一个月之后，中国女排就夺得了亚锦赛冠军，成为"三大球"中第一个冲出亚洲的项目。

1981 年，中国女排以亚洲冠军的身份参加了在日本举行的第三届世界杯排球赛。经过了 7 轮 28 场激烈的争夺，11 月 16 日，中国队以 7 战全胜的成绩首次夺得世界杯赛冠军。袁伟民获"最佳教练奖"，孙晋芳获"最佳运动员奖""最佳二传手奖""优秀运动员奖"，郎平获"优秀运动员奖"。随后，在 1982 年的秘鲁世锦赛上中国女排再度夺冠。紧接着，在 1984 年的第二十三届奥运会上，中国女排实现了三连冠的梦想。中国女排并未就此止步，在 1985 年的第四届世界杯和 1986 年的第十届世界女排锦标赛上，中国女排连续两次夺冠。于是，从 1981 年到 1986 年，中国女排创下的世界排球史上第一个"五连冠"，开创了我国大球翻身的新篇章。

1981 年 11 月，中国女排首次夺得世界冠军后，当时的《人民日报》就曾报道，截至 1981 年 12 月 4 日，中国女排收到贺信、贺电和各种纪念品达 3 万多件。北京商标一厂、无锡钟表厂等生产单位的职工在信中表示，要"学习女排精神，保证完成和超额完成生产任务"。受"女排精神"鼓舞的北大学子则喊出"团结起来，振兴中华"的时代最强音。

女排夺得三连冠后，各种媒体更是加大了对女排精神的宣传力度。有媒体报道，"某工厂女工看了女排的事迹之后，每天早来晚走，精心操作，班产量天天超额完成计划"；"某煤矿工人看完女排比赛之后，自觉加义务班，日日超产"等。《人民日报》还开辟了"学女排，见行动"的专栏。

更多的中国人则通过女排精神，真实地体会到一种从未有过的自豪感。"学习女排，振兴中华"成为口号，在全社会掀起了一股学习中国女排的热潮。女排精神简而言之，就是拼搏精神。这种精神在当时的中国，被大力提倡，有着深刻的时代背景。

社会学家、中国社科院社会学研究所研究员王春光指出："改革开放早期阶段，国人猛地意识到与世界的差距，而变得有些失落和彷徨。因此在这一背景下，'女排精神'广为传颂，其实就是在向国人和全世界庄严宣告中华民族崛起的信心和能力。"

1986年中国女排实现历史性的五连冠后，女排精神开始被人们口口相传。

实际上，女排精神从一开始就超出体育竞技范围，对各行各业的劳动者起到了激励、感召和促进作用。国务院以及国家体委、共青团中央、全国青联、全国学联、全国妇联号召全国人民学习"女排精神"，为民族腾飞和社会主义建设而努力奋斗。

看着女排姑娘们一次一次地飞身鱼跃救球，一次一次带伤参加比赛，这种不抛弃、不放弃，为国争光的精神，一直延续影响到各个行业。

2. 讨论提纲

（1）试概括出女排精神的内涵。
（2）你从这些故事中获得了怎样的启示？
（3）作为学生，你对个人荣誉和集体荣誉是怎么看待的？

3. 自由发言

讲讲发生在自己身边为集体勇争荣誉的故事。

三、讨论荣誉

（1）为什么我们需要荣誉？它对你的学习与生活有什么重要意义？
（2）你为他人班集体做过那些有意义的事情？说出来和大家分享。
（3）为什么说"世界荣誉的桂冠，都用荆棘编织而成"？

四、做一个活动

"为荣誉而奋斗"活动小贴士：
（1）谈谈你对活动主题的理解。
（2）开展几个需要与同学协作完成的小游戏。
（3）讲一个为国争光的奥运冠军的故事与同学们一起分享。
（4）畅谈活动的收获与感受。

五、写一篇反思

（1）通过以上的故事与活动你对集体有了什么新的理解和认识？

（2）你在今后的学习和生活中会怎样对集体负责？

（3）对你现在的班集体有什么好的建议？

（4）把你的心里话写下来，一定是一篇不错的作文。

六、搜集一个案例

搜集一个关于热爱自己所在集体、为集体争光的案例。

第五课 温恭自虚，谦恭虚己

一、说一说谦虚

1.诗话谦虚

俗话说："满招损，谦受益。"虚心使人进步，骄傲使人落后，一个人千万注意不要自高自大，要学会谦虚，不仅因为谦虚是一种美德，还因为一个人的能力再大都始终是有限的。

谦虚内化为人的一种心理、意识、思想、品格、理论，外化于人的举手投足、言谈举止、为人处事所体现的一种优良作风。谦虚是团队互助的体现，谦虚者无论身居何处，都与周围的人和睦相处，团结同学，关怀同事，尊老爱幼，温顺谦恭而不自满，虚心向别人学习，谦虚恭敬地听取别人的意见……这些精神何其难能可贵。开国元勋毛泽东才华横溢，雄才大略，却虚怀若谷，平易近人。他带领着他的团队使我们的国家复兴发达，他怀着谦虚的心对集体负责，这值得我们每一个人学习。

2.大家说谦虚

- 谦虚是不可缺少的品德。
- 谦虚谨慎和不谋私利是人们所赞扬的美德，却也为人们所忽略。
- 谦虚对于优点犹如图画中的阴影，会使之更加有力，更加突出。
- 谦虚的学生珍视真理，不关心对自己个人的颂扬；不谦虚的学生首先想到的是炫耀个人得到的赞誉，对真理漠不关心。思想史上载明，谦虚几乎总是和学生的才能成正比例，不谦虚则成反比。
- 谦虚的人，快来，让我拥抱你们！你们使生活温和动人……你们想不使任何人感到惭愧。
- 谦虚不仅是一种装饰品，也是美德的护卫。
- 你地位低微而显得谦卑，并不是一件了不起的事，当你受人赞颂而仍然谦逊，是一种伟大而罕有的行为。
- 蜜蜂从花中吸蜜离开时营营地道谢，浮夸的蝴蝶却是相信花是应该向它道谢的。
- 最大的骄傲与最大的自卑都表示心灵的最软弱无力。
- 自负对任何艺术是一种毁灭。骄傲是可怕的不幸。

- 真正的谦虚只能是对虚荣心进行了深思以后的产物。
- 谦虚温谨，不以才地矜物。
- 谦虚使人进步，骄傲使人落后。我们应当永远记住这个真理。
- 谦虚谨慎自矜其智非智也，谦让之智斯为大智；自矜其勇非勇也，谦让之勇斯为大勇。
- 气吞万里的海洋，何等浩潮壮阔！但它总是那么谦虚，始终把自己放得很低，因而能容纳百川的水流，吸收地球的雪雨。
- 钻研然而知不足，虚心是从知不足而来的。虚伪的谦虚，仅能博得庸俗的掌声，而不能求得真正的进步。
- 真正的虚心，是自己毫无成见，思想完全解放，不受任何束缚，对一切采取实事求是的态度，具体分析情况；对于任何方面反映的意见，都要加以考虑，不要听不进去。

二、讲一讲谦虚的故事

孔子

孔子是我国古代著名的大思想家、教育家，学识渊博，但从不自满。他周游列国时，在去晋国的路上，遇见一个 7 岁的孩子拦路，要他回答两个问题才让路。其一是：鹅的叫声为什么大。孔子答道："鹅的脖子长，所以叫声大。"孩子说："青蛙的脖子很短，为什么叫声也很大呢？"孔子无言以对。他惭愧地对学生说："我不如他，他可以做我的老师啊！"

美国总统富兰克林

富兰克林被称为美国之父。在谈起成功之道时，他说这一切源于一次拜访。在他年轻的时候，一位老前辈请他到一座低矮的小茅屋中见面。富兰克林来了，他挺起胸膛，大步流星，一进门，"砰"的一声，额头重重地撞在门框上，顿时肿了起来，疼得他哭笑不得。老前辈看到他这副样子，笑了笑说："很疼吧？你知道吗？这是你今天最大的收获。一个人要想洞察世事，练达人情，就必须时刻记住低头。"富兰克林把这次拜访当成一次悟道，他牢牢记住了老前辈的教导，把谦虚列为他一生的生活准则。

徐悲鸿改鸭子

据说有一次徐悲鸿正在画展上评议作品，一位乡下老农上前对他说："先生，您这幅画里的鸭子画错了。您画的是麻鸭，雌麻鸭尾巴哪有那么长的？"原来徐悲鸿展出的《写东坡春江水暖诗意》，画中麻鸭的尾羽长且卷曲如环。老农告诉徐悲鸿，雄麻鸭羽毛鲜艳，有的尾巴卷曲；雌麻鸭毛为麻褐色，尾巴是很短的。徐悲鸿接受了批评，并向老农表示了深深的谢意。

梅兰芳拜师

京剧大师梅兰芳不仅在京剧艺术上有很深的造诣，而且还是丹青妙手。他拜名画家齐白石为师，虚心求教，总是执弟子之礼，经常为齐白石磨墨铺纸，全不因为自己是位名演员而自傲。梅兰芳不仅拜画家为师，也拜普通人为师。一次在演出京剧《杀惜》时，在众多喝彩叫好声中，他听到有个老年观众说"不好"。梅兰芳来不及卸装更衣就用专车把这位老人接到家中，恭恭敬敬地对老人说："说我不好的人，是我的老师。先生说我不好，必有高见，定请赐教，学生决心亡羊补牢。"老人指出："阎惜姣上楼和下楼的台步，按梨园规定，应是上七下八，博士为何上八下八？"梅兰芳恍然大悟，连声称谢。以后梅兰芳经常请这位老先生观看他演戏，请他指正，称他"老师"。

法国画家贝罗尼

19世纪的法国名画家贝罗尼到瑞士度假，每天仍然背着画夹到各地去写生。

有一天，他在日内瓦湖边用心画画，来了三位英国女游客，看了他的画，便在一旁指手画脚地批评起来，一个说这儿不好，一个说那儿不对，贝罗尼都一一修改过来，末了还跟她们说了声"谢谢"。

第二天，贝罗尼有事到另一个地方去，恰巧又碰到昨天那三位妇女，她们正交头接耳不知在讨论些什么。那三位妇女看到了他，便朝他走过来，问他："先生，我们听说大画家贝罗尼正在这儿度假，所以特地来拜访他。请问你知不知道他现在在什么地方？"

贝罗尼朝她们微微弯腰，回答说："不敢当，我就是贝罗尼。"

三位英国妇女大吃一惊，想起昨天的不礼貌，一个个红着脸跑掉了。

卫国孔文子

春秋时期，卫国有个人叫孔圉（yǔ），勤奋好学，而且很谦虚。他死后，卫国国君为了表彰他，并让后人学习他的好学精神，就赐给他一个"文"的称号，所以，后来人们就尊称他为"孔文子"。

孔子有个学生叫子贡，也是卫国人。他认为孔圉不像人们所说的那样，称他为"孔文子"似乎有点评价过高。他想来想去，觉得不能理解，就去向孔子请教。

子贡说："那个孔文子并没有什么了不起，凭什么要赐给他'文'的称号？"

孔子回答说："孔圉聪明好学，勇于向地位和学识不如自己的人虚心请教，而不会感到丢脸，这是非常了不起的，所以要赐给他'文'的称号。"子贡听孔子这样一说，猛然省悟，顿时感到心悦诚服。

三、讨论谦虚

（1）请自行查找关于"谦虚"的文章。
（2）思考这些小短文的中心思想是什么？
（3）你认为哪一篇写得最好，为什么？

四、写一篇反思

以"谦逊好学"为主题写一个随堂小练笔。

五、做一个思考

思考如何做一个谦逊好学的人，如何在集体中做到谦逊好学？

我们都有这样的体验：如果有两个人站在你面前，一个很谦逊有礼，另一个摆出一副傲慢的样子，你喜欢哪一个呢？当然是那个谦逊的人。对一个人来说，谦逊是非常重要的。只有谦逊，才能保持不断进取的精神，才能增长更多的知识和能力。因为谦逊的品格能够帮助你看到自己与他人的差距，学到更多的知识，也可以使你能冷静地倾听他人的意见和批评，小心行事。正如高尔基所说："智慧是宝石，如果用谦逊镶边，就会更灿烂夺目。"作为青少年，一定要明白，谦逊是可贵的品质，在平时的生活与学习中要保持谦逊的态度。那么，如何做个谦逊的人呢？下面这几点能够提供有效帮助。

（1）保持一颗坦荡心。
（2）保持一颗平常心。
（3）保持一颗进取心。
（4）要保持空杯心态。

不过谦逊也要有度。过度的谦逊不仅是在欺骗自己，也是在欺骗别人，更是对自己能力的诋毁。这样会阻碍自己的发展，还会使人觉得你虚伪。只有保持虚怀若谷的态度，才能给人留下良好的印象。

你能想到的还有哪些?

六、搜集一个案例

搜集一个关于谦虚的案例。

第六课 勤奋是对集体能量的加持

一、说一说勤奋

1. 诗画勤奋

勤奋是懒惰的反义词，是成功的基础之一，是中华民族传统的美德。

文学家说勤奋是打开文学殿堂之门的一把钥匙；科学家说勤奋能使人聪明；政治家说勤奋是实现理想的基石。

世界上最宝贵的除了良好的心理素质，还有一个东西，就是勤奋。最宝贵的勤奋，不光是身体上的勤奋，还是精神上的勤奋。勤奋靠的是毅力。学业的精深造诣来源于勤奋。勤，就是要珍惜时间，勤学习，勤思考，勤探究，勤实践。勤奋是成功的唯一途径。没有它，天才也会变成呆子。勤奋是指坚持不懈地，高频率地做自己认为有意义的事。

一个集体需要勤奋的个体，勤奋是对集体能量的加持，对集体负责勤奋不可或缺。勤奋，是胜利的必备因素；勤奋，是我们的朋友；勤奋，是通往胜利的道路。勤奋是点燃智慧的火花，勤奋是开启胜利之门的钥匙，勤奋是实现理想的阶梯。勤奋是前进的基石，勤奋是向上的台阶。

2. 大家说勤奋

- 你想成为幸福的人吗？但愿你首先学会吃得起苦。
- 灵感不过是"顽强的劳动而获得的奖赏"。
- 艺术的大道上荆棘丛生，这也是好事，常人望而却步，只有意志坚强的人例外。
- 天才不是别的，而是辛劳和勤奋。
- 科学是为了那些勤奋好学的人，诗歌是为了那些知识渊博的人。
- 勤劳一日，可得一夜安眠；勤劳一生，可得幸福长眠。
- 人们把我的成功，归因于我的天才；其实我的天才只是刻苦罢了。
- 终生努力，便成天才。
- 勤能补拙是良训，一分辛劳一分才。
- 人生在勤，不索何获。
- 业精于勤，荒于嬉；行成于思，毁于随。

- 聪明在于勤奋，天才在于积累。
- 书山有路勤为径，学海无涯苦作舟。
- 形成天才的决定因素应该是勤奋。
- 人的大脑和肢体一样，多用则灵，不用则废。
- 勤奋好学是提高自己拥有才能的最好方法，也必须培养自身的坚强意志和承受能力，这是立足于每一时代的先决条件。
- 哪里有天才？我只不过把别人喝咖啡的工夫都用在了工作上。

二、讲一讲勤奋的故事

王羲之与"墨池"

王羲之是中国古代著名的书法家。王羲之从小练字，7岁时字已经写得很不错了；继续练了四五年，总感到进步不大。有一天，他在父亲的枕头里发现一本名叫《笔谈》的书，里面讲的都是有关写字的方法，高兴得如获至宝，偷偷地阅读起来。正当读得起劲的时候，父亲来了，问道："为什么偷我枕中秘书？"羲之笑而不答。母亲想给他打圆场，从旁插了一句："你是在揣摩用笔的方法吗？"父亲认为他年纪太小，未必能够读懂，就把书收了回去，对他说："等你长大了再教你读。"王羲之不高兴地说："如果等我长大了才讲究笔法，那我这几年的时光不就白白浪费了吗？还是让我现在就学吧，免得不懂方法瞎摸索。"父亲听他说得有理，就把书给了他。

于是，王羲之按照书中所讲方法天天苦练，不久他的书法有了显著进步。但是，王羲之并不满足已有的进步。有一次，他看见东汉书法家张芝的书迹，爱不释手，自叹不如。张芝的草书写得好，人们称他为"草圣"。

王羲之不仅爱慕他的字，更钦佩他"临池学书，池水尽黑"的苦练书法的顽强精神。在给朋友的一封信里，王羲之写道："张芝就着池塘的水练书法，连池水都变黑了，如果人们也下这么深的功夫去练习，未必会赶不上张芝。"

从此，王羲之每天挥笔疾书，写完字后就到家门口的水池去涮笔。久而久之，池水都染黑了，人们把这个水池称作"墨池"。

根据记载，王羲之居住过的绍兴兰亭、江西临川的新城山、浙江永嘉积谷山，以及江西庐山归宗寺等处，都有他的墨池。王羲之勤学苦练书法，他草书学张芝，正书学钟繇，并且博采众长，推陈出新，终于形成了自己独特的风格，创造了一种漂亮流利的今体书法，后来人们称他为"书圣"。

祖逖闻鸡起舞

范阳人祖逖，年轻时就有大志向，想要光复中原，曾与刘琨一起担任司州的主簿。与刘琨在同一个寝室睡觉时，夜半时听到鸡鸣，他踢醒刘琨，说："这并不是不祥之兆。"于是起床舞剑。

德摩斯梯尼的演说

传说古希腊有一个叫德摩斯梯尼的演说家，因小时口吃，登台演讲时声音浑浊，发音不准，常常被雄辩的对手所压倒。可是，他不气馁，不灰心，为克服这个弱点，战胜雄辩的对手，便每天口含一石子，面对大海朗诵，不管春夏秋冬、雨雪风霜，坚持五十年如一日，连爬山、跑步也边走边做演说。终于成为古希腊最有名气的演说家。

达·芬奇画蛋

达·芬奇是欧洲文艺复兴时期意大利一位卓越的画家。他从小爱好绘画，父亲送他到佛罗伦萨，拜名画家佛罗基奥为师。

第一堂课老师教他画鸡蛋。他画了一个又一个，足足画了十几天，老师还是让他继续画鸡蛋，这一下达·芬奇想不通了，就问老师："为什么老是让我画鸡蛋？"老师告诉他："鸡蛋虽然普通，但天下没有绝对一样的，即使是同一个鸡蛋，角度不同，投下的光线不同，这个蛋的轮廓就会有差异。因此画蛋是基本功。基本功要练到得心应手。"

从此达·芬奇苦练基本功，天天画蛋。一年，二年，三年……他画鸡蛋用的草稿，已经堆得老高了。经过长期的、勤奋的艺术实践，达·芬奇创作出许多不朽的名画。

清末梨园"三怪"

据说，清末时梨园中有"三怪"，他们都是因勤学苦练成了材。

瞎子双阔亭，自小学戏，后来因疾失明，从此他更加勤奋学习，苦练基本功。他在台下走路时需要人搀扶，可是上台表演却寸步不乱，演技超群，成为功深艺湛的名须生。

另一位是跛子孟鸿寿，幼年身患软骨病，身长腿短，头大脚小，走起路来很不稳便。于是，他暗下决心，勤学苦练，扬长避短，一举成为丑角大师。

还有一位是哑巴王益芬，先天不会说话，平日看父母演戏，一一记在心里，虽无人教授，但他每天起早贪黑练功，常年不懈。艺成后，一鸣惊人，成为戏院里有名的武花脸，被戏班子奉为导师。

【思考】

从这些小故事中你感悟到了什么？

三、做一引导活动

（1）列举自己知道的有关勤奋的成语及出处。

（2）吟诵有关描写勤奋的诗歌。

（3）自由分组，每组 3~4 人。

四、做一调查

调查一些关于勤奋的古诗。

五、做一个反思

写一篇以"勤奋"为主题的不少于 800 字的文章，文体不限，要求充满真情实感。

/ 第五部分 /

对社会负责

第一课　先天下之忧而忧

一、说一说社会

1. 诗话社会

当我们将责任心播撒给社会的时候，我们也是在呵护自己的心灵，使心灵如纯洁之泉，如暖冬之日。一滴水虽小，但它能折射出整个太阳的光芒。我们的责任心，让无力者有力，让悲观者前行，让往前走的人继续走，让幸福的人更幸福。责任心是人生最值得留恋和为之奋斗的力量，大家一道把责任心升华为无私的人生情操和生活境界吧！

2. 大家说社会

- 社会就是书，事实就是教材。
- 革命行动吸引社会上最好的和最坏的分子。
- 活着就要做个对社会有益的人。
- 社会犹如一条船，每个人都要有掌舵的准备。
- 社会的进步就是人类对美的追求的结晶。
- 一个社会，只有当他把真理公之于众时，才会强而有力。
- 劳动受人推崇。为社会服务是很受人赞赏的道德理想。
- 真心真意关心弱势群体，切实解决群众疾苦，化解社会矛盾。
- 与众不同，这也是一种时髦，一种社会前进的积极因素。
- 社会和自然的区别就在于，社会是有一定道德目标的。
- 好习惯是一个人在社交场中所能穿着的最佳服饰。
- 人只有献身于社会，才能找出那实际上是短暂而有风险的生命的意义。
- 任何一种不为集体利益打算的行为，都是自杀的行为，它对社会有害。

- 保持健康，这是对自己的义务，甚至也是对社会的义务。
- 良心是守护个人为自我保存所启发的社会秩序的保护神。
- 政府不仅是一个组织社会生活的机构，而且是一个道德理想。
- 一定的社会关系归根结底是社会生产力发展的一定状况决定的。

二、讲一讲故事

瞿塘古韵

奉节是一座历史悠久、军事地位显要、文化积淀深厚、民风淳朴古雅的文明古城。商周之际曾为鱼国，后称鱼邑，自战国中期（约公元前314年）正式置县，迄今已有2800多年的历史。历史上其县名先后为鱼复、永安、人复、奉节。据史料记载：唐武德二年（619年）改原信州为夔州，此为史用夔州名之始，其时奉节县名为人复。至唐贞观二十三年（649年）又改人复县为奉节县（取意诸葛亮奉公守节，忠贞不贰，以勉励后人），此为史用奉节县名之始，治今白帝山下，被称为万户城。而后迁于鱼复和老县城，历史上奉节县城所在地亦多有变更，先后为瀼西、白帝城复又瀼东。瀼西即今被三峡工程库区蓄水175米水位淹没的老县城。在此前后，尽管夔州所辖范围曾有所变迁，但其治所均在奉节，故奉节也就成了夔州的代称、别称，从古至今，民间口语一直沿用此称谓。

关爱今风

【材料一】

2013年10月，在部队服役的解放军姜勇，从千里迢迢的云南省怒江州泸水县给奉节县慈善会打来电话，请慈善会帮助选一名家住奉节县农村的优秀贫困大学生，他每学期资助5000元直到该大学生毕业。

奉节县慈善会立即行动，从待资助的大学新生中挑选了家住奉节县竹园镇华吉村的品学兼优、考上武汉大学的贫困大学新生旷美荣，并同姜勇进行了对接，得到姜勇汇入慈善会的第一笔5000元捐款。

姜勇，家住奉节县朱衣镇狮子村贫困山区，父亲2006年去世，母亲2007年改嫁，奶奶在家务农。姜勇从小跟随奶奶生活，2006年考入重庆邮电大学。由于家庭贫困，一家人愁着无钱上大学时，正值爱心企业家重庆巨能矿产（集团）有限公司董事长、慈善会副会长李美平计划每年拿出5万元资助10名大学生，姜勇有幸被选中，圆了他的大学梦。

俗话说，穷人的孩子早当家。姜勇通过刻苦努力学习，2010年6月以优异成绩大学毕业，当年12月入伍参加中国人民解放军。在解放军这个熔炉里，姜勇刻苦钻研军事技术，出色完成任务，3年时间已晋升为中尉。姜勇在部队事业有成后，念念不忘恩人，时刻牢记要回报社会，帮助有困难的大学生圆大学梦。

【材料二】

"你们身穿白大褂，来帮我送水、倒尿，这是我做梦也想不到的，是你们的温情与爱心感动了我，让我更加坚定自己死后，要把所能用得上的器官都捐出去，多救一些缺钱的好人……"日前，老吴出院后给医院的感谢信中如此写道，因为医务人员的善举，他感受到了社会的温暖，重燃了对生活的热爱，他也想尽自己的力量回报社会，因此做出了捐献器官的决定。

家住红土乡野茶村的吴建平，是一名45岁的农村患者，因一次意外导致高位截瘫。

"布衾多年冷似铁""床头屋漏无干处"，这是老吴这些年来的生活写照，生活的困窘和家人的冷漠曾让老吴一度对生活丧失希望，在绝望中的他甚至有过轻生的念头。

2013年7月25日，吴建平因尿路感染到奉节县人民医院泌尿外科治疗。住院期间，泌尿外科医生为老吴进行了膀胱造瘘手术，因为病人没有家属照顾，在护士长的指导和带领下，护士们每隔2小时就为患者翻一次身，换药、擦洗、送开水、倒尿、倒屎。

据老吴讲，正是泌尿外科医生和护士们的悉心照料，温暖了他的心，让他重燃起对生活的希望，一次又一次的关心和嘱咐让这个对生活和社会感到绝望的病人又重新燃起生命的希望。

经过医生的精心救治和护士的悉心照料，老吴于8月15日治愈出院。护士为他更换了衣裤，收拾好住院物品，护送他上车，科室医务人员在科主任、护士长的带领下，纷纷慷慨解囊，表达自己的爱心，为他捐款800元。

老吴出院后，给科室寄来了一封感谢信，一张简单的白纸上写着歪歪扭扭的字迹，朴实的话语中流露出发自内心的感激。

【材料三】

2018年"聚焦扶贫·徒步三峡"公益活动走进奉节

4月13—15日，为期3天的2018年"聚焦扶贫·徒步三峡"团员青年公益徒步活动在平安乡开展。活动中，首批30名志愿者徒步40公里，沿途寻访建卡贫困户、农村致富带头人、返乡创业青年、老党员、留守儿童等重点群体，深入山区传递温暖，宣讲扶贫政策，助力脱贫攻坚。

30名志愿者因爱出发

本次活动由共青团重庆市委、重庆市扶贫开发办公室、重庆日报报业集团和重庆广播电视集团（总台）联合发起，奉节县青年志愿者协会志愿者、"尹明"志愿者和中建三局三公司"三实"志愿者共同组成徒步志愿者队伍。

"我的家乡在贵州农村，求学时，我也接受过优惠政策的扶持和爱心人士的资助，所以一直想找机会回报社会。"志愿者杨杰告诉记者，自己参加工作不久，在网络上了解到"聚焦扶贫·徒步三峡"团员青年公益徒步活动后，毫不犹豫就报名参加了。

重庆、贵州、湖北……本次和杨杰一样参加徒步活动的志愿者来自全国各地，4月13日上午，志愿者们怀揣积极参与脱贫攻坚工作的热情来到平安乡，完成行前培训和物资准备后，开始了徒步行程。

40 公里徒步路风雨兼程

平安乡是重庆市 18 个深度贫困乡镇之一，"一槽二梁三面坡，中间隔条梅溪河"，偏远的交通区位和层峦叠嶂的地貌特征制约着平安乡的发展。

"这里有两条路，一条路 20 分钟就能走到下一个休息点，一条需要绕道 2 小时，你们选择走哪一条？""走 2 小时的，那边可以走访更多农户！"在徒步过程中，志愿者们为了走访更多需要帮助的人，都会毅然选择向最偏远的路线跋涉。

从度家坪到沙树坪，从文昌村到咏梧村，3 天时间，40 公里，志愿者们兵分 5 路，徒步路程覆盖农户 1350 户 4000 余人，收集到需要资助的贫困青少年资料 13 份，在徒步结束后，将通过基金会、爱心企业、爱心个人等渠道为这些孩子寻求"一对一"的资助。

72 小时亲历见证脱贫变化

走进文昌村一社，男孩陈克浩吸引了大家的注意，瘦瘦的个子，一身旧运动服沾满尘土，性格腼腆少言。

陈克浩的父亲陈永发向志愿者介绍了家里的情况：自己身患残疾，是建卡贫困户，家里有两个孩子都在上小学，孩子的母亲 7 年前离家再也没有回来，父子三人和年迈的爷爷奶奶相依为命。

本以为这样一家人会生活在凄苦哀怨之中，令志愿者感到意外的是，陈永发主动拿出了自己的《扶贫手册》，上面密密麻麻记满了家里从 2016—2018 年的受访记录和受助政策。2018 年，除了自己经营的农产品和务工工资，加上低保、公益岗位等补助资金，陈永发的家庭年收入能达到 3 万余元。

言语间，陈永发把目光转向了马路边的新房，就在以前的土坯房旁，政府补助陈永发家 5 万元进行了危房改造，新房建设已经接近尾声。"现在政策好，我对脱贫还是有信心。"陈永发的言辞中饱含着对未来的憧憬和希望。

近 3 万人线上参与　汇聚爱心力量

除了宣讲扶贫政策、发放爱心礼包，走进学校开展环保知识教育"嘉年华"等线下活动，徒步进程中，志愿者们还积极运用直播、微信等新媒体发声，传播正能量，讲述脱贫故事，吸引了近 3 万人观看。

4 月 15 日晚，2018 年"聚焦扶贫·徒步三峡"公益活动首期活动画上句号。团市委相关负责人表示，今年，还将组织开展不少于 8 期的"徒步三峡"系列活动，并在全国范围内招募热心公益的团员青年志愿者，深入重庆市 18 个贫困乡镇，开展徒步活动，助力脱贫攻坚。

【思考】

（1）从"奉节"的名称含义分析，诸葛亮获得后人尊重的最主要原因是什么？

（2）姜勇出身贫寒，他为什么能成功？

（3）老吴身为残疾人，对生活为什么还有信心？

（4）团员青年公益徒步活动对你有什么启示？

三、做一个引领

杜甫的诗气象远大，饱含对社会的强烈关注，请收集 5 首杜甫在夔州时所作古诗，找出相关名句，反复吟咏。

四、三省吾身

（1）作为社会中的一员，你得到了哪些关心和帮助？

（2）当前学生中存在哪些对社会不负责任的行为？

（3）学生对社会负责，可从哪些小事做起？

五、知行合一

开展一次实践活动，就班级、学校或社区存在的某一问题贡献自己的应有之力，并做好相关记录。

第二课　笑迎四海夔门开

历史上夔门锁江，锁住了奉节与外界的交往，今天，我们中学生关注社会，就要关注县委县政府为把奉节推向全国而做出的"旅游富县"战略，关注"大美奉节"。

一、说一个景点

三峡之巅

三峡之巅的概念，来源于诗圣杜甫《夔州歌十绝句》中的"赤甲白盐俱刺天，闾阎缭绕接山巅。枫林橘树丹青合，复道重楼锦绣悬"。

奉节县位于长江三峡库区腹心，是重庆市的东大门。"三峡之巅"风景区概念于2016年提出，整个大景区位于奉节县长江北岸，景区内有国家4A级景区、全国重点文物保护单位、国家级风景名胜区白帝城；有第五套人民币10元背面图案的夔门；有在长江三峡中最短、最窄，景色最为雄伟险峻的瞿塘峡；有长江三峡著名的古迹瞿塘峡摩崖石刻；有中国地理标志产品，荣膺"中国驰名商标"的奉节脐橙。

夔门，又名瞿塘峡、瞿塘关，三峡西端入口处，两岸断崖壁立，高数百丈，宽不及百米，形同门户，故名。长江上游之水纳于此门而入峡，是长江三峡的西大门。峡中水深流急，江面最窄处不及50米，波涛汹涌，呼啸奔腾，令人心悸，素有"夔门天下雄"之称。瞿塘峡虽短，却位置险要，古诗曰："镇全川之水，扼巴鄂咽喉"；风景雄奇，"峰与天关接，舟从地窟行"；名胜众多，沿江可见古栈道遗址、风箱峡古代悬棺、分壁墙、凤凰饮泉、倒吊和尚等奇观，其中分壁墙上布满了历代碑刻，十分可观。

瞿塘峡摩崖石刻位于瞿塘南岸白岩山西侧傍江处，有一片面积达千余米的大青石，上下数十米，布满了自宋至近代的碑刻共12幅。这些石刻均为阴刻，字体有楷、隶、草、篆等。

二、说一位学者

余秋雨与三峡情

顺长江而下，三峡的起点是白帝城。这个头开得真漂亮。

——余秋雨《三峡》

《文化苦旅》是中国著名当代文化学者、理论家、文化史学家、作家、散文家余秋雨的文化散文集。1992年首次出版，是20世纪80年代末90年代初华人世界最为畅销的文化散文集。全球华人地区出现争读余秋雨的热潮。其中《三峡》一文，更为读者广为传颂，成为家喻户晓、老少皆知的名篇。

"对稍有文化的中国人来说，知道三峡也大多以白帝城开头的。李白那首名诗，在小学课本里就能读到。"

"当我真的坐船经过白帝城的时候，依然虔诚地抬着头，寻找着银袍与彩霞。船上的广播员正在吟诵着这首诗，口气激动地介绍几句。"

20世纪90年代，余秋雨先生数次途经三峡，并陪同日本NHK电视台亲自登上白帝城进行报道。他对三峡、白帝城的深情，全都融入了《三峡》一文。然而，余秋雨先生并没有机缘在白帝城留下他的墨宝。这也一直是他的遗憾。

"幸好还留存了一些诗句，留了一些记忆。幸好有那么多中国人还记得，有那么一个早晨，有那么一位诗人，在白帝城下悄然登舟。也说不清有多大的事由，也没有举行过欢送仪式，却终于被记住千年，而且还要被记下去，直至地老天荒。"

唐代大诗人李白在白帝城下悄然登舟，留下一首地老天荒的《早发白帝城》。余秋雨先生的三峡白帝情缘，在他登临白帝城20年后，同样得以延续。这一天，远在上海的余秋雨先生接到了来自白帝城的邀请，余先生终于得以延续他的诗情和梦想。

2018年1月2日，余秋雨先生挥毫泼墨，写下"千古诗迹白帝城"的题词。余秋雨先生说："白帝城不仅仅是三峡的起点，不仅仅是一个地理概念。白帝城主要是因为李白的诗歌闻名天下。把地理的概念变成文化的概念，这才是白帝城应有的意义。"

三、做一个讨论

（1）奉节为什么要发展旅游？

（2）旅游对奉节有什么好处？

四、读两则报道

奉节首届"中国·白帝城"国际诗歌节"三峡之巅、山水风光"摄影展

2017年10月25日，奉节县首届"中国·白帝城"国际诗歌节"三峡之巅、山水风光"摄影展正式开展。200幅代表了近年来三峡地区奉节题材的优秀摄影作品在西部新区滨河广场与市民见面。此次摄影展是首届"中国·白帝城"国际诗歌节的重要内容之一。参展作品主题明确，创作手法多样，运用摄影语言艺术性地展示了"三峡之巅、山水风光"的奉节美好河山。在征集过程中，诗歌节组委会共收到来自县内外作品828幅，随后邀请专业人士从中评选出200幅作品入展。

国内首个自行车城市速降赛首秀落地奉节　江思翰获王者

2018年9月25日下午，2018"三峡之巅"CHINA X3 中国·奉节国际极限运动季城市速降赛决赛举行。经过近两小时的角逐，欧亚马小熊车队江思翰夺得精英组决赛第一名，获得中国首个自行车城市速降赛之王。

【思考】

奉节县在财力紧张的情况下，为什么要组织国际性的活动？

五、写一篇导游词

除了"三峡之巅"外，奉节还有哪些优美的自然风光，请你结合你的认知，向外地客人介绍奉节，写一篇导游词。

第三课　橙花处处香两岸

奉节为劳务输出大县，青壮年大都出门在外，家里往往是老年人，为此，奉节因地制宜，结合本地地域、历史，大力发展脐橙产业。

一、大家说脐橙

1. 奉节脐橙的社会地位

脐橙，重庆市奉节县特产，中国地理标志产品。奉节县脐橙果皮中厚、脆而易剥，肉质细嫩化渣、无核少络、酸甜适度、汁多爽口、余味清香。获农业部优质水果、中国国际农业博览会金奖等荣誉。2009 年 5 月 26 日，国家质检总局批准对"奉节脐橙"实施地理标志产品保护。

2. 奉节脐橙的历史渊源

奉节脐橙的前身叫奉节柑橘，栽培始于汉代，历史悠久，产区位于三峡库区，具有"无台风、无冻害、无检疫性病虫害"的三大生态优势。据《汉书·地理志》记载："鱼复朐忍有橘官"，《汉志》记载："柚，通省者皆出，唯夔产者香甜可食。"

唐代，奉节脐橙已成为宫廷御用果品，《新唐书》载"夔者土贡柑橘"。诗人杜甫寓居夔州时管理过柑橘园并写下了"园甘长成时，三寸如黄金"的诗句。

1935 年，奉节县引进了普通甜橙和红橘定植。

二、讲一个故事

"好的，5 件，到时候给您预留着。"尽管远没到脐橙收获的季节，但重庆市奉节县草堂镇村淘合伙人蔡茂林已经开始接到全国各地打来的订货电话。

奉节位于三峡库区腹心地带，交通不畅、信息闭塞，但当地土特产丰富，其中脐橙是一张响当当的名片。过去，即使赶上脐橙丰收的季节，果农们也只能在家苦等水果贩子上门收购，渠道的薄弱使得他们在定价上没有任何话语权。

为解决果农增收问题，该县积极搭建农产品对接大市场的新桥梁，大力发展农村电商，于是便有了许许多多像蔡茂林这样的村淘合伙人。数据显示，奉节脐橙年产值 22 亿元，2016 年通过电商销售 2.92 亿元，受此鼓舞，全县 2017 年又新发展脐橙 2 万亩。

"发展脐橙产业，既要搞好标准化种植管理，也要做好市场营销。"奉节县相关负责人介绍，2017 年春季，奉节脐橙通过一直播、映客、斗鱼、花椒、熊猫等 5 个直播平台，直播 44 场次，总时长达 88 小时，总计观看人数 1473.5 万人次，销量达到 10 万斤，"已然成了'网红'"。从 2015 年触网以来，奉节不断丰富脐橙的营销方式，开启全网营销。2017 年，又开启脐橙网络直播销售，扩大了品牌影响力。

2017 年 2 月 14 日是奉节脐橙直播销售的第一天。安坪镇脐橙果技员余都香在果园直接向 40 万名网友讲解优质奉节脐橙的种植、养护知识以及生态环保管理经验。而奉节脐橙本地龙头企业创始人之一周登平则通过直播，带领观众参观从脐橙种植到采摘、加工、包装运输的全流程，并打开脐橙水洗、分选设备，现场演示分选包装。

"直播现场就接到 40 多个咨询电话。"朱衣镇果农刘科军回忆，直播当天，他就收到网友 2000 多元的订单，不到一周，他家剩余的 2000 多斤脐橙全部卖完。

作为名牌产品，奉节脐橙虽不愁销路，但因山高水远、交通不便，长期以来农户依赖果贩收购，收购价甚至低至 8 毛钱一斤，最高也仅 2.5 元，果贱伤农的阴影始终挥之不去。

而电商消除了各个中间环节，果农可以直接获取市场价格，收入大幅增加。

"于是我们找到了阿里巴巴这个合作伙伴，利用其背后的数亿级买家、强大的物流运输能力，通过电商让脐橙出山。"该负责人说。

2015 年 8 月，奉节与阿里巴巴农村淘宝签订战略合作协议，自此开始大规模的电商布局。与此同时，还在县城建立电商公共服务中心，为网商、服务站点及传统企业提供技术支持、产品打造、信息传播等一条龙服务；在乡镇和村（社区）建立电商综合服务站点，为村民提供网购网销、代收代发等服务。目前，奉节已初步形成从县到户的四级电商体系，其中 135 个贫困村建成电商平台站点 49 个，辐射贫困人口 3.5 万余人。

2016 年，县财政还拿出 1000 万元，分别对线下线上销售进行奖励扶持，其中线上销售设立网络销售等级奖、网络营销比例奖、网络销售月奖，以及线上推广活动补贴、贷款贴息补贴等 5 个项目，极大地促进了传统企业触网营销，鼓励了小型电商企业抱团发展。种种措施实行后，奉节脐橙已初具网络"爆款"潜质。

【思考】

（1）奉节种植脐橙有什么优势？

（2）发展脐橙产业有什么障碍？

三、做一个拓展

奉节除了脐橙外，还有哪些特色产品？

四、做一个调查

调查一个家庭，了解种植脐橙前后家庭的经济状况。

五、做一次实践

节假日期间，可以参与脐橙的种植或销售，并就此写一篇心得。

第四课　瞿塘依旧千秋月

中国是诗的国度,奉节是诗的故园。2017年10月27日,中华诗词学会授予奉节县"中华诗城"称号。据悉,这是目前全国唯一一个被授予"诗城"称号的城市。

一、大家说夔州诗

1. 诗城奉节

奉节,夔门雄峙,瞿塘幽深,环山皆秀,胜迹处处。墨客骚人至此,无不游目骋怀,"吐纳珠玉之声"。陈子昂、王维、李白、杜甫、孟郊、白居易、刘禹锡、李贺、苏轼、苏辙、范成大、陆游等历代著名诗人,先后留下众多优美的诗章。特别是"诗圣"杜甫,在流寓奉节的两年多时间里,写诗430余首,占其全集的七分之二。刘禹锡在夔,于巴渝民歌的基础上开"竹枝词"新风。近代以来,也有不少文人高士及革命英杰留下佳作。奉节当今人士,亦多承风骚,作品不少。

2. 奉节诗歌的四个第一

第一快诗:李白《早发白帝城》"朝辞白帝彩云间,千里江陵一日还"。
第一情诗:刘禹锡《竹枝词》"东边日出西边雨,道是无晴却有晴"。
第一律诗:杜甫《登高》"无边落木萧萧下,不尽长江滚滚来"。
第一景诗:康熙《六言诗》"桃源意在深处,涧水浮来落花"。

二、读一则报道

首届国际诗歌节唱响"中华诗城"

一直以来,奉节县立足自身深厚的历史文化积淀,以实际行动传承和弘扬传统文化,诗词文化传承有力。弥漫着诗的浪漫,散发着橙的清香,奉节正积极推进文旅结合,打造"三峡之巅,诗·橙奉节"文化旅游核心品牌,让越来越多的朋友与诗结缘、以诗为伴,让奉节与诗一起走向全国、走向世界!

2017年10月27日,首届"中国·白帝城"国际诗歌节在奉节开幕,中华诗词学会为奉节县"中华诗城"现场授牌。演绎诗歌里的大写奉节，感悟古典诗词的大美气韵。当晚，陈铎、瞿弦和、张良策、温玉娟、沈铁梅、王宏伟等艺术家参加了"三峡之巅，诗·橙奉节"大型情景音诗画演出，分别生动演绎了《早发白帝城》《上白帝城》《出师表》《长干行》《峨眉山月歌》《水调歌头·三峡之巅》等诗歌。

"这里是无数诗人向往的重庆奉节。"28 日，中央电视台著名主持人刘芳菲、任志宏主持了"三峡之巅，诗·橙奉节——夔州诗词名家谈"活动。张卓、蒙曼、陈更、冯文中等文艺界人士齐聚奉节，吟唱和品鉴诗词文化的独特魅力。

中央民族大学历史文化学院副教授、中国诗词大会点评嘉宾蒙曼称，奉节的山水、奉节的历史、奉节的诗文，应该是奉节三张最亮丽的名片，这是奉节的文化之魂。只要诗在，只要人在，只要山川在，只要历史在，以后一切发展都可以在这个基础上往上滋生。奉节是一个有底蕴的地方，底蕴有多厚，未来就有多广，只要站在这片土地上，就能够仰望最好的未来。

琴声古韵悠悠，人群神情肃穆。随后，"问鼎中华诗城　论道三峡之巅"2017 年奉节感恩历代诗人祭拜活动在奉节县夔门街道依斗门广场举行。净手、诵读祭文、亚献、终献上香、敬酒等祭拜环节后，奉节白帝诗社成员代表向诗人塑像三鞠躬，然后诵读夔州诗词、现场表演书法。

诗歌节期间，奉节县还举办了"三峡之巅"山水风光摄影展、"诗游奉节"画舫游瞿塘峡、千名诗友登三峡之巅、百幅诗画绘三峡之巅、十位诗杰印三峡之巅、竹枝词歌舞广场舞比赛等活动。

首届"中国·白帝城"国际诗歌节成功举办，是坚持中国特色社会主义文化发展道路、坚定文化自信、推动社会主义文化繁荣兴盛的生动实践。

【思考】

（1）奉节为何享有"诗城"美誉?

（2）作为奉节人，你知道哪些名篇与奉节有关?

（3）奉节在传承历史文化方面有哪些举措?

三、做一个调查

奉节新县城的地名富有诗歌特色，请你搜集相关地名并说出来历。

四、举办一次活动

背诵 10 首夔州诗并参加一次与诗歌相关的活动。

五、提一条建议

给县领导写一封信，就如何更好地传承诗歌文化说说你的建议。

第五课　父母他乡两鬓秋

"爸爸妈妈到外面打工去了，农村剩下了年老的爷爷奶奶，我独自在家乡上学。"

一、大家"留守"

1. 我的爸爸妈妈，他人眼中的农民工

农民工是指户籍仍在农村，进入城市务工和在当地或异地从事非农产业劳动 6 个月及以上的劳动者。本地农民工是指在户籍所在乡镇地域内从业的农民工。外出农民工是指在户籍所在乡镇地域外从业的农民工。

截至 2017 年末，全国农民工总量 28652 万人，比 2016 年增长 1.7%。其中，外出农民工 17185 万人，增长 1.5%；本地农民工 11467 万人，增长 2.0%。

2. 留守者的声音

大年初三，记者来到重庆市奉节县永乐镇香树坪村乌云顶，探访了一个普通的家庭。这天本该是一家人团圆的日子，而老王家却显得有些冷清：老王和老伴、孙子和孙女，一家四口和平日一样，吃着简单的午饭。因为这一天，他们的儿子并没有回家。而一家团圆，是这一家人最大的新年愿望。

老人：一家人在一起比什么都强

老王家有一儿一女，女儿早已出嫁，儿子儿媳常年在浙江打工，留下孙子和孙女交给老两口照料。家里目前的生活状况是老王务农，老伴则负责照料孙子孙女，日子虽然清苦平淡，但两个孩子聪明懂事，这让老两口感到特别安慰。

老人告诉记者，因为去年春节儿子儿媳回来过，所以今年就不回来了，这样还可以省下一笔路费，多给家里一些补贴。当记者问到，孩子父母是否考虑回重庆务工时，两位老人并不愿多讲，只是表示他们都盼望着儿女回家，哪怕钱少赚一点，一家人在一起比什么都强。虽然只是简单的几句话，但是记者从老两口脸上看到了同样的思念。

孩子：最好的新年礼物是父母的陪伴

老王告诉记者，两个孩子中大一点的男孩叫小浩，今年 6 岁，已经读小学一年级了；

小女孩叫瑞瑞，只有 3 岁。

记者问两个孩子想不想爸爸妈妈，这对小兄妹没有回答。小浩低头想了一会儿，逃避地转过身去从爷爷手里拿柑橘吃；年幼的瑞瑞好像并不太懂记者的意思，只是怔怔地看着哥哥。老人告诉记者，瑞瑞太小，和父母相处的时间太短了，或许对她而言，父母只是个既遥远又模糊的概念。

二、爸爸妈妈的奔波

他乡的辛酸

纵观近年外出务工的农民工，他们基本存在以下几个特点。

文化素质偏低

农民工主要以年轻人为主，小学、初中学历占绝大多数，高中、中专和中技学历相对较少，大专及大专以上学历很少。

理财方面欠缺

现外出农民工年收入在 3 万 ~10 万元不等，根据工种不同，其待遇有高低差距。年末农民工返乡后的娱乐以打牌、喝酒为主，除去日常开支和子女学习、生活费用以外，很大一部分农民工一年的积蓄就这样被用掉，缺乏理财规划。

工作强度大

农民工主要从事二、三产业，以重体力劳动者居多，工作时间长、强度大，每个月休息不足 8 天的现象比较普遍，很多农民工基本每月无休息日。

社会保障与福利待遇差

由于进城的农民工不被城市认可，因此绝大部分福利也被排除在外。在建筑工地、粉尘或潮湿环境等岗位工作的农民工，人身安全保险不齐，住房、公费医疗、子女教育福利更是没有。

农民工子女教育问题

最近几年，国家出台了很多针对农民工子女上学的优惠政策，免除了学杂费，取消了跨区费和借读费，减轻了农民工的经济负担和心理压力。但是他们的子女或许因为家庭拮据、个人学习差、自卑心理等原因没有得到好的教育（多数只有初中学历），这些原因终会归结到教育的不公平。他们在城市里学习、成长，在接受不公平教育的同时也被日新月异的社会（价值取向混乱，拜金主义盛行）所影响，更因为受教育程度的限制，他们多数的价值观、行为方式、思想意识已经扭曲，不公平的感受催生报复心理。严重影响到子女的健康成长。

婚姻关系处理不当，离婚率逐年上升

一方面，夫妻双方只有一方进城务工，夫妻长时间分离，导致现阶段常出现"临时夫妻"等不良现象；另一方面，由于农民工待遇提高，对新鲜事物充满好奇，久而久之夫妻感情走向破裂，最后导致离婚。

【思考】

（1）父母为何出门打工？

（2）你埋怨过父母吗？你埋怨过他们什么？

三、做一次调查

【材料一】

2018年5月12日，由奉节诗城志愿者协会主办，奉节县文明办、奉节县慈善志愿者大队协办，在汾河镇曹家村村委会举办了"朝夕相伴"关爱留守老人周末行活动。

当志愿者一行50人到达曹家村便民中心时，百余名老人已翘首盼望多时。本次活动一是送文化，志愿者们精心准备了文艺节目，丰富老人们的精神文化生活；二是送健康，专业医务人员为老人们测量血压，宣传慢性病预防健康知识；三是送温暖，为老人们准备了爱心午餐及一份小礼物。整个活动让老人们感受到来自志愿者的关怀和温暖，为他们寂寞的生活增添一笔亮丽的色彩和美好的回忆。

【材料二】

2018年8月，由中国儿童少年基金会肯德基中国小候鸟专项基金向奉节县五个儿童快乐家园和留守儿童活动中心捐赠的爱心图书已收到，分别为奉节县吐祥镇龙泉社区、白帝镇庙娅村、永安街道羽声社区、西部新区胡家社区、永乐镇长凼村、夔门街道桥湾村送去总计904本图书，并附有蓝牙有声设备一套。

中国小候鸟图书角主要目的是以关心留守儿童为出发点，在留守儿童的聚集地开展阅读活动，为留守儿童提供关爱的公益基金，以农村留守儿童为主要服务对象，开展亲子阅读以及艺术、体育等多种陪伴活动。拓宽留守儿童的视野，增长他们的见识，丰富留守儿童的生活，形成文化的熏陶与感染。

在县妇联的组织下，7月31日，奉节县长凼村率先开展小候鸟图书阅读活动。在长凼村妇联主任的主持下，孩子们对彩色的图书表现出极大的热情，尤其是对书本的趣味故事展现出浓厚的兴趣，有声蓝牙设备读物更加生动，带领孩子们遨游书海的奇妙之旅。活动取得不错的反响，不少孩子通过活动增强阅读的兴趣，并积极报名参加下次的活动。

四、讲一个故事

说说你身边的留守儿童或留守老人的故事。

五、进行一次反思

你在家学习努力吗？有为爷爷奶奶分忧解难吗？你总是找父母要钱吗？你向父母谎报过学习成绩吗？你思考过怎样担负起成长的责任吗？

六、进行一次沟通

用电话、微信等方式和父母进行一次沟通，沟通内容如下：理解爸妈、劝他们回乡创业、自己表态要努力学习等。

第六课　奏弦歌以传雅意

一、文化定位

2005年，奉节县着手整理历代诗人在奉节的诗词作品，编辑出版了《夔州诗全集》6卷9集，收录到历代742位作者，4464首作品。成立夔州诗词学会、杜甫夔州诗研究会、三峡文化研究会、夔州少儿诗词学会、中国诗城诗词学会、生命天使诗词学会等多个诗词学会，累计发展会员2000余人。同时，定期出版《夔州诗词》《夔门诗讯》《秋兴》《夔州文化》《三峡诗刊》等诗词刊物，还出版了奉节诗人创作的《诗画奉节》《奉节传奇》等书籍。

围绕"读夔史、颂夔诗、唱夔歌"，奉节在全县范围内开展了诗词"进校园、进机关、进社区、进院坝、进企业、进景区"的诗词"六进"活动，编印《夔州诗词乡土教材》《夔州诗50首口袋书》共15万余册，建设全长30余公里的中华诗词碑林。首届"中国·白帝城"国际诗词大赛收到4622首诗词作品，评选出45首佳作。以"咏三峡之巅，品诗·橙奉节"为主题的"才子佳人"诗词挑战赛诞生了奉节县才子佳人诗词挑战赛总冠军。平面载体宣传、产业包装、自媒体诗词文化游戏、游学旅游及景点讲解融入等多种方法发力，奉节县诗词文化氛围越发浓厚。

二、政府行动

2014年8月8日，综合治理办接群众电话举报，称有人在县城某酒楼整"无事酒"，立即与相关单位取得联系，并遣记者与调查人员同赴现场。现场有群众称酒宴在早前不知何故临时取消，主人家已匆匆离去。得知一行人的来意后，现场群众纷纷叫好。

当日上午9：30，一位群众打来电话称，白帝镇黄连村李某儿子考上大学，在县城某酒楼整学酒。举报人气愤描述，李某家中两子，早前一子考学成功整酒时，他已送了几百元"人情"，事隔不到一月，李某又为另一子整学酒，让人气愤又实感无奈。得知此情况后，本报与县民政局、白帝镇取得联系，相关单位立即派人核实情况并确认确有此事。中午11：30，正是酒宴宾客"写情"入席之时，由县民政局、白帝镇政府、黄连村相关人员组成的检查组进入该酒宴举办酒楼，只见门旁设置的"收情点"已空无一人，桌子上还零散着几支香烟。许多前来吃酒的人也是一头雾水，不知是自己记错了时间地点，还是主人家的通知有误，大家相互打听。后据知情人透露，李某可能是知晓了有人举报他，临时取消了酒宴。在得知检查组的来意时，周围群众纷纷叫好，众人表示，政府现在整治"无事酒"是动了真格，他们看在眼里，喜在心上，希望政府能继续严厉整治"无事酒"，将这股歪风邪气彻底打下去。"今年我送的'人情'比往年相对来说要少了些，但还是免不了吃一些'无事酒'。"一位白帝镇的群众说，如今政府花大力气宣传整治"无事酒"，是实实在在地在为老百姓做事，但还是有许多人在"顶风作案"。

据一些常"中招"的人介绍，现在有些人为躲避检查，会选择异地办酒，不张贴喜事语，不请"主管"致辞，尽量"无声无息"不留把柄，酒宴程序倒是一切"从简"了，剩下唯一的"核心主题"就是收钱、吃饭，正因此，他们也更痛恨"无事酒"。

"无事酒"在人们的憎恶中，在政府的遏制下，已然抛却了那些冠冕堂皇的理由，扯下了虚伪的面具，将贪婪的手直接伸向了人们的口袋。较之以往，如今的"无事酒"不再那么光明正大，却也呈现出更多的贪婪与恶俗。古人有言，"君子爱财，取之有道"，不事劳作，不信因果，只求一夜暴富，这样畸形的价值观应该得到及时正确的纠正，只有政府行动了，人民行动了，全社会行动了，"公序良俗"方能回归本色。

三、弹奏弦歌

诗意新春

自2018年元旦节起，奉节县组织举办以"喜庆十九大、欢乐过大年、共圆中国梦"为主题的春节系列活动，包括新春音乐会、美术书法摄影展、十九大精神文艺宣传"六进"暨春节送文艺下乡演出、送春联进乡村、2018年春节联欢会、川剧《江姐》首场巡演、中华诗城国际灯会、夔州博物馆图片展、2018年首届奉节县踏碛节等9项文化活动，均取得了圆满成功。共有16.5万余人参与到春节文化惠民活动中，其中中华诗城国际灯会接待游客3.4万人次，踏碛节观众1.2万余人，夔州博物馆图片展观众6.7万余人，这三个项目作为新增项目，同样受到市民的青睐。此外，奉节微赞网对新春音乐会、中华诗城灯会开幕式、春晚、踏碛节进行了直播，观众分别达到2.5万、20.8万、18.2万、27.8万人次，较好地宣传了活动，推介了奉节。

筑梦时代

2018年3月20—24日，"放歌新时代·共筑中国梦"——渝州大舞台城乡文化互动工程暨2018年春季送演出进基层活动。向公平镇、大树镇、康乐镇、永乐镇4个乡镇各送演出 2 场，向平安乡、红土乡、朱衣镇、安坪镇各送演出 1 场，共 12 场。完成全县夔州竹枝舞培训推广工作。

文艺选萃

积极选送节目参加第八届重庆市乡村文艺汇演，积极参加全市文化馆、图书馆业务技能大赛等。中共奉节县委宣传、奉节县文化委员会联合印发了《2018 年奉节县全民阅读活动工作方案》，制定了《奉节县 2018 年"世界读书日"活动方案》，明确了 2018 年全县的全民阅读各项主题活动，举行了世界读书日暨诗歌"六进"活动启动仪式。同时完成向市文化委的重庆市 2018 年度全民阅读品牌活动申报。

制定下发了《奉节县文化委员会关于下达 2018 年重点民生实事（500 人以上集中区文化场所改建）资金计划的通知》，全年计划在全县 32 个乡镇（街道、管委会）改建 102 处文化场，投资 524 万元，目前各乡镇（街道、管委会）已上报实施方案及资金预算，文化委分别函复各乡镇，要求各乡镇按程序推进各项改建任务。在全县 2018 年整村脱贫的 7 个村各建设文化中心户 3 户，共 21 户。

【思考】

政府开展这些活动有什么积极意义？

四、作一次演讲

以《心田种上庄稼，就不会长野草》为题在班内举办一次演讲活动。

五、做一个反思

内心的彷徨苦闷来源与哪些不良的爱好有关？该怎么彻底解决？

六、做一个调查

不打麻将的大人有哪些特点？工作之外，他们有哪些健康的生活方式？

/ 第六部分 /

对国家负责

第一课　国家历史的厚重

一、说一说国家

- 我自横刀向天笑，去留肝胆两昆仑。

- 苟利国家生死以，岂因祸福避趋之。

- 以身许国，何事不敢为。

- 做人最大的事情是什么呢？就是要知道怎样爱国。

- 各出所学，各尽所知，使国家富强不受外侮，足以自立于地球之上。

- 我们的祖国并不是人间乐园，但是每一个中国人都有责任把她建设成人间乐园。

- 只有热爱祖国，痛心祖国所受的严重苦难，憎恨敌人，这才能给我们参加斗争和取得胜利的力量。

- 我们波兰人，当国家遭到奴役的时候，是无权离开自己祖国的。

- 爱国心和对敌人的仇恨用乘法乘起来——只有这样的爱国心才能导向胜利。

- 我赞美目前的祖国，更要三倍地赞美它的将来。

- 锦绣河山收拾好，万民尽做主人翁。

- 热爱自己的祖国是理所当然的事。

- 锦城虽乐，不如回故乡；乐园虽好，非久留之地。归去来兮。

- 一般就在部分之中，谁不属于自己的祖国，那么他也就不属于人类。

- 爱国主义的力量多么伟大呀！在它面前，人的爱生之念，畏苦之情，算得是什么呢！在它面前，人本身又算得是什么呢！

- 科学没有国界，但学者却有他自己的国家。

- 假如我有一些能力的话，我就有义务把它献给祖国。

- 夜视太白收光芒，报国欲死无战场！

- 南北驱驰报主情，江花边草笑平生。一年三百六十日，都是横戈马上行。

- 为了国家的利益，使自己的一生成为有用的一生，纵然只能效绵薄之力，我也会热血沸腾。

二、测测你的爱国热情

从对以下句子的认同度测测你的爱国热情。

（1）我爱我自己的国家。

（2）我为自己是一个中国人而自豪。

（3）我认为中国人挺了不起的。

（4）在某种程度上，我的情感与国家紧密相连，受国家大事影响。

（5）我爱唱中华人民共和国国歌。

（6）我认为升旗是一件很神圣的事情。

（7）我对自己国家的历史非常了解。

何为爱国，爱国不是一定要像文天祥那样大义凛然、轰轰烈烈，也不是一定要像毛泽东、周恩来那样为解放中国做出巨大贡献。可以没有鲁迅那样的如投枪匕首般的笔锋，但你一定要胸怀祖国，一切以祖国的利益为重。爱国并不难，只要你想！升国旗时，肃立，向国旗行注目礼；奏国歌时，肃立，满怀敬意。这些都是最平常、最细微、最容易做到的。如果一个人连这些都做不到，还何谈爱国呢？

【思考】

你对自己国家的历史是否了解？当你了解中国某段历史时，你内心是何感受？

三、奉节的历史来源

夏商时，奉节属荆、梁之域。奉节古称鱼复，秦惠文王更元十一年（前314年），秦于巴国之地置巴郡，鱼复县随巴郡同置。东汉建武元年（25年），公孙述据蜀称帝，在瞿塘峡侧山头筑白帝城。蜀汉章武二年（222年），刘备夷陵之战后败退白帝城，改鱼复为永安县。西晋太康元年（280年），恢复鱼复县名。西魏废帝三年（554年），改鱼复为人复。唐贞观二十三年（649年），为尊崇诸葛亮奉刘备"托孤寄命，临大节而不可夺"的品质，改人复为奉节。明末清初，李自成、张献忠起义军多次转战夔州，张献忠死后，起义军余部组成"夔东十三家"，与清军大战于川东。战乱延续多年，人民迭遭兵焚、饥馑、病疫，出现"村不见一舍，路不见一人"的荒凉景象。清康熙年间，采取轻徭薄赋、免其编审、永不加赋等措施招民垦荒，外省贫民纷纷迁移入川，奉节人口得到较快的恢复和发展。至嘉庆元年（1796年），奉节增添男女共118854丁口。这就是奉节历史上规模最大的一次移民，而现今大多数奉节人溯祖寻源都是外省移民的后代。康熙六年（1667年），裁大宁县（今巫溪县）并入奉节县，雍正七年（1729年），复设置大宁县。宣统三年（1911年）十月初六，奉节县人民响应辛亥革命，宣布独立。民国二十四年（1935年），川政统一，四川实行行政督察区制，原定第九行政督察区署设在奉节，后改设在万县。1949年12月3日，奉节和平解放。12月19日，成立奉节县人民政府。1950年起奉节属四川省万县专区，1968年属万县区，1997年3月随万县隶属重庆市，后直属重庆市。

四、历史不会忘记

两地接力，原重庆奉节籍志愿军烈士冉绪碧遗物踏上"团圆"路

2019年，国家退役军人事务部通过对一至五批归国在韩志愿军烈士上千件遗物的整理，发现了数十枚印章，其中24枚印章上的文字图案清晰可辨，为寻找烈士的亲人提供了线索。退役军人事务部随即联合多家媒体开展遗物认亲、网上寻亲活动，千方百计为这24位烈士寻找亲人。重庆市奉节籍烈士冉绪碧就是其中的一位。

在看到相关信息后，奉节县人武部领导高度重视，立即行动，成立工作组，联合县退役军人事务局通过公开发布信息收集线索，根据已有线索多方查阅、反复比对资料，多处走访。

3月29日，相关人员在奉节县档案馆发现了冉绪碧的烈士存根，存根记载冉绪碧确系奉节县烈士，为原奉节县六区平原村人。相关人员立即在新民镇的九树社区、祖师村、永乐镇的铁甲村走访了部分抗美援朝复员军人、退休干部、村社干部，但因时间间隔久远，资料记载信息与实地走访信息有出入，还是没有烈士遗属的确切消息。紧接着，相关人员结合公安户籍信息、县志、民政志、军事志等资料继续进行实地寻找。

4月1日，县退役军人事务局接到市民热心电话，称冉绪碧系现湖北省利川市柏杨坝镇人。随后，相关人员立即赶往线索目的地，经过三个小时车程，抵达湖北省利川市柏杨坝镇龙兴村16组，见到了冉绪碧烈士的侄子冉方禄和冉方章。据了解，冉绪碧烈士一共四兄妹，他排行老三，大哥冉绪德、二哥冉绪刚均已去世，妹妹健在，大哥二哥共育有7个子女。据冉方禄和冉方章回忆，他们自小就听爷爷说，叔叔于1949年参军，在抗美援朝战争中光荣牺牲。"叔叔牺牲近70年了，国家接回他的遗物，还

不忘为烈士们寻找亲人，让我们能够'团圆'，说明祖国始终没有忘了他们。"冉方禄感动地说道。

相关人员和利川市退役军人事务局取得联系，并按程序上报上级核实确定。另悉，资料记载，湖北省利川市柏杨坝镇原属奉节县第八区龙门乡，因行政区划调整于1952年8月划为湖北省管辖，现为湖北省利川市柏杨坝镇龙兴村。

【思考】

（1）讨论冉绪碧烈士抗美援朝、保家卫国、勇于牺牲的精神在今天的现实意义。

（2）当前学生中存在哪些对国家不负责任的行为？

（3）学生对国家负责，可以从哪些小事做起？

五、知行合一

开展一次实践活动，就班级、学校或社区存在的某一问题贡献自己应有之力，并做好相关的记录。

第二课 国家的璀璨文化

一、说一说文化

1. 珠玉之声

汉代的赋，唐代的诗，宋代的词，元代的曲，明清的小说……这一系列璀璨的华夏文化在历史的长河中熠熠生辉。传承和发扬这些传统文化，既是提升内涵、提高品位的最佳途径，又是在对国家的瑰宝负责。

2. 大家说文化

- 文化不能从上向下压，因为它应该是从下面高涨起来的。
- 文化的进步乃是历史的规律。
- 文化的视野超越机械，文化仇恨着仇恨；文化有一个伟大的激情，追求和美与光明的激情。
- 文化开启了对美的感知。
- 文化是，或者说应该是，对完美的研究和追求；而文化所追求的完美以美与智为主要品质。
- 文化虽然不像文明那样具有地区的广泛性，但是，它相应地和各个国家的每一个人的喜、怒、哀、乐具有更深刻的联系。
- 我们必须继承一切优秀的文学艺术遗产。
- 有如语言之于批评家，望远镜之于天文学家，文化就是指一切给精神以力量的东西。
- 在这富有历史背景、富有高度私人秘密性的社会，人类的文化应是多彩多姿的。
- 智慧是知识凝结的宝石，文化是智慧放出的异彩。
- 中国的长期封建社会中，创造了灿烂的古代文化。
- 所谓文化，比起文明开化，往往不过是掩蔽蒙昧无知的最后一层裱糊板。
- 任何一个文化的轮廓，在不同的人的眼里看来都可能是一幅不同的图景。
- 人是文化的创造者，他也是文化的宗旨。
- 人生来本是一个蛮物，唯有文化才使他高出于禽兽。
- 克服民族性是文化的胜利。

- 道德文化有可能达到的最高境界是认识到我们应该控制自己的思想。
- 从孔夫子到孙中山，我们应当给以总结，承继这一份珍贵的遗产。
- 不伴随力量的文化，到明天将成为灭绝的文化。

二、讲一讲中国的灿烂文化

轩辕黄帝文化

黄帝，号轩辕，少典与附宝之子，上古帝王。轩辕战胜炎帝于阪泉，战胜蚩尤于涿鹿，统一华夏，伟绩载入史册。

轩辕黄帝结束了原始社会的野蛮时代，开创了中华5000年文明史。

轩辕黄帝是我们的人文初祖，是中华文明的一位拥有无穷力量的开拓者，一位智慧超群的发明家，一个凝聚民族力量的时代符号，是世界先进而又古老的文明代表，所有的文化因素都在轩辕黄帝身上得以凝结。

他播百谷草木，大力发展生产，创造文字，始制衣冠，建造舟车，发明指南车，定算数，制音律，创医学等，开创了东方这片古老土地的文明。

完成姓氏"密码编辑"，制定婚姻制度

5000年时光孕育出的中华民族灿烂悠久文化，中国姓氏文化、婚姻制度便是人类走向文明的标志之一。原始社会之初，人们群居杂婚，近亲孕育的弊端也因此而出现。轩辕黄帝意识到了这种繁衍的危害，便制定了一套同姓不婚的嫁娶礼仪制度，避免了近亲通婚，实现了优生优育。这是中华民族走向文明的重要标志。经过数千年的繁衍发展，至今中国历史上使用过的姓氏多达2.2万多个，有些姓氏已经退出历史舞台，但是绝大部分还在代代相传，延绵不断，成为中华民族生生不息的血缘纽带。

中华民族，同根同源。姓氏不同，血脉相连。黄帝文化，源远流长。

《黄帝内经》

《黄帝内经》分《灵枢》《素问》两部分，起源于轩辕黄帝，后又经医家、医学理论家联合增补发展创作，一般认为结集成书于春秋战国时期。在以黄帝、岐伯、雷公对话、问答的形式阐述病机病理的同时，主张不治已病，而治未病，同时主张养生、摄生、益寿、延年，是中国传统医学四大经典著作（《黄帝内经》《难经》《伤寒杂病论》《神农本草经》）之一，是我国医学宝库中现存成书最早的一部医学典籍，是研究人的生理学、病理学、诊断学、治疗原则和药物学的医学巨著。在理论上建立了中医学上的"阴阳五行学说""脉象学说""藏象学说"等。《黄帝内经》以生命为

中心，内容涵盖医学、天文学、地理学、心理学、社会学、哲学、历史等，是一部围绕生命问题而展开的百科全书。

龙图腾的产生

轩辕黄帝的开国统一大业造就了一个伟大的民族——华夏民族。穿越天地玄黄，汇集各部落图腾的精华，华夏民族的图腾"龙"就产生了。从此以后，华夏儿女都骄傲地称自己是龙的传人。随着考古发掘成果的不断印证，拂去5000年的尘沙，轩辕黄帝成为中华民族的人文始祖。

揭开这个5000年的秘密，也许一切就尘封在我们脚下这片土地……华夏民族的诞生充满了磨难与曲折，只有重回历史才能找到炎黄子孙诞生繁衍的缘由，只有重新梳理5000年前的那段故事，才能真正地感悟轩辕黄帝到底给我们留下了怎样的文明发端。

【思考】

（1）还有哪些后世文化是从轩辕黄帝文化一脉传承下来的？

（2）灿烂的始祖文化造就了中国人那些美好的品格？

三、奉节人眼中的奉节文化

凭借传统诗歌底蕴、夔州特色文化、亮丽地理风景亮相央视，向全球观众展示"好山好水好风光，有诗有橙有远方"的独特魅力，奉节赢得诗词爱好者广泛关注。

2017年10月27日，奉节县被中华诗词学会正式授予"中华诗城"称号。

奉节诗史长、诗品高、诗人显……

重庆市奉节县位于长江三峡库区腹心，古称"夔州"，曾是州、府、路、郡治所，距今已有2300多年历史，是重庆有名的文化大县。其文化特质以诗词为核心，演绎了长达2000多年的夔州诗词史。

奉节是"诗以咏怀"之地——这里有天下第一快诗《早发白帝城》。"朝辞白帝彩云间，千里江陵一日还"，诗仙李白伴随着滚滚长江，阅尽夔州沧桑，成为千古绝唱，成就世界名片。

奉节是"诗以抒情"之地——这里有天下第一情诗《竹枝词》。"东边日出西边雨，道是无晴却有晴"，诗豪刘禹锡开竹枝新风，寄峡江风情，情醉奉节，浪漫两岸。

奉节是"诗以映景"之地——这里有天下第一景诗《六言诗》。"桃源意在深处，涧水浮来落花"，康熙皇帝赐予夔州诗人傅作楫御书诗轴，宛若画卷。壮美瞿塘争一门、高峡平湖美如画，白帝彩云伴、夔门天下雄，天坑地缝罕世间、九天龙凤竞风流。

奉节是"诗以言志"之地——这里有天下第一律诗《登高》。"无边落木萧萧下，不尽长江滚滚来"，诗圣杜甫登高鸟瞰夔州秋所作，堪称律诗之冠，句中化境，独步古今。

"四个第一"是奉节诗词的代表，人尽皆知，享誉中外，而《竹枝词》更是发源于奉节。千百年来，以李白、杜甫、刘禹锡、王十朋、陆游、白居易、苏轼等为代表的骚人墨客纷至沓来，在奉节或为官、或旅居，留下 10000 余首传世名篇。

四、知行合一

在班级或学校之间开展一次"奉节好诗词"活动。

第三课　山河之美在我心

一、说一说山川

1.珠玉之声

中华的江南，远而望之，皎若太阳升朝霞，迫而察之，灼若芙蕖出渌波；中华的塞北，牛羊漫步静无人，流云淡淡芳草青……这一幅幅壮美的画卷在我们的心中展开。

2.大家说山川

- 孤帆远影碧空尽，惟见长江天际流。
- 星垂平野阔，月涌大江流。
- 无边落木萧萧下，不尽长江滚滚来。
- 千山鸟飞绝，万径人踪灭。
- 国破山河在，城春草木深。
- 明月出天山，苍茫云海间。
- 大江东去，浪淘尽，千古风流人物。
- 大漠孤烟直，长河落日圆。
- 青山遮不住，毕竟东流去。
- 君不见，黄河之水天上来，奔流到海不复回。
- 山随平野尽，江入大荒流。
- 空山不见人，但闻人语响。
- 横看成岭侧成峰，远近高低各不同。
- 天门中断楚江开，碧水东流至此回。
- 舟行碧波上，人在画中游。
- 黄河远上白云间，一片孤城万仞山。
- 黄河落天走东海，万里写入胸怀间。
- 会当凌绝顶，一览众山小。
- 相看两不厌，只有敬亭山。

二、读一读新闻

1. 两则报道

【报道一】

志愿者清理长江垃圾　守护万州绿水青山

3月，春雨丝丝，保护长江正当时。2018年3月，在万州南滨公园附近，一场主题为"爱长江水，做三峡人"的河道清洁志愿活动如火如荼展开，41名高校志愿者进行长江清漂、江岸垃圾清理活动，用实际行动践行绿色发展理念，为建设山清水秀美丽之地贡献力量。

上午9: 30，天气阴沉，浓云密布。尽管天公不作美，但志愿者们依然情绪高昂。"同学们，大家抓紧时间干起来。"随着一声令下，志愿者们兵分四路清理江边垃圾。有的拿着长杆的清漂夹，有的提着可降解的垃圾袋，大家团结一致捡拾垃圾。在河岸边，志愿者们一边小心慢走，一边仔细查看岸边情况，看到塑料瓶、枯树枝、烟头等杂物立即将其捡起来。少数垃圾部分埋入土中无法用夹子夹起来，志愿者们就用双手将它们拽出来，丝毫不在乎垃圾弄脏衣服。

"叔叔，这里不可以乱丢垃圾，请将不要的东西放到垃圾桶里。""婆婆您好，我们正在进行保护长江的志愿活动，您如果在以后的生活中发现破坏环境的行为，也可以劝导一下对方哦。"在活动中，志愿者们还对路过的市民进行环保宣传，引导他们去除陋习，倡导环保新风。

【报道二】

2015年，重庆市人大常委会修订《重庆市河道管理条例》和《水资源管理条例》，明确水资源管理"三条红线""四项制度"，突出河道保护和责任体系，扩大公众参与权和监督权。2016年，市政府出台《河道管理范围划定管理办法》《河道采砂管理办法》，有关部门编制完成涉河事项验收、砂石资源开采可行性论证等一系列技术标准，初步形成推行河长制的法规体系。荣昌区作为中国河湖管护体制机制创新试点县，组建河长办，落实人、财、物，实施考核问责等制度，并统筹部门力量，制订"一河一策"整治管护方案，引入社会化服务负责城区河道保洁。合川区和丰都县开展以流域为单元的水生态文明建设试点，将河长制融入供水安全保障、河道岸线保护、村镇控源截污、面源污染防治、水生态保护管理中，河流生态文明建设取得较好效果。

2. 讨论提纲

（1）志愿者清理母亲河的言行对我们有什么启示？

（2）全国各地群众以实际行动爱护自然，你和他们的环保差距在哪里？

（3）垃圾分类有什么现实意义？

三、奉节人眼中的奉节景

奉节县旅游资源得天独厚，自然、人文景观星罗棋布。境内有雄甲天下的夔门、享誉中外的白帝城、绝世奇观天坑地缝、世界级暗河龙桥河、科考价值极高的夔州古象化石，还有神秘莫测的黄金洞和古悬棺、道教圣地长龙山等。奉节地处三峡库区腹心地带，库区蓄水后会出现"高峡出平湖"的壮丽景观。独具特色的风景名胜及文化内涵，吸引了大批的中外人士前来观光考察，年接待国内外游客约 25 万人次。境内有世界最大的小寨天坑，世界最长的天井峡地缝，世界级暗河龙桥河，中国十大风景名胜之一、中国旅游胜地四十佳的长江三峡第一峡瞿塘峡，有中国历史文化名胜白帝城、刘备托孤的永安宫、诸葛亮的八阵图、瞿塘峡内的摩崖石刻、悬棺群等自然、人文景观，构成了分别以白帝城、瞿塘峡和天坑地缝为中心的两大特色旅游区。

纵有万管玲珑笔，难写瞿塘两岸山。天坑地缝世界奇，绝世景观任君游。奉节这块旅游热土，随着举世瞩目的三峡工程的兴建，正以崭新的姿态、开放的胸怀、宽松的环境，真诚欢迎海内外朋友及有识之士前来投资开发、旅游观光、休闲度假、科考探险。

白帝城

奉节白帝城为首批国家 4A 级景区，位于长江三峡瞿塘峡口北岸，东依夔门，西傍八阵图，三面环水，是观"夔门天下雄"的最佳地点。城内白帝庙陈列有"刘备托孤"大型泥雕，再现了三国蜀汉皇帝刘备兵败白帝，忧伤成疾，临终前向丞相诸葛亮托孤的情景。

瞿塘峡

"便将万管玲珑笔，难写瞿塘两岸山"是清代诗人张问陶笔下的瞿塘峡。"若言风景异，三峡此为魁"是现代文豪郭沫若眼中的瞿塘峡。瞿塘峡西起奉节县白帝山，东迄巫山县大溪镇，长 8 公里，是三峡中最短的一个，峡以"雄"著称。西端入口处，两岸断崖壁立，高数百丈，宽不及百米，形同门户，名"夔门"，素有"夔门天下雄"之称；左边的名为赤甲山，右边的名为白盐山，不管天气如何，总是迁出一层层或明或暗的银辉。长江辟此一门，浩荡东泻，两岸悬崖峭壁如同刀削斧砍，山高峡窄，仰视碧空，云天一线，峡中水深流急，江面最窄处不足 50 米，波涛汹涌，奔腾呼啸，令人惊心动魄。瞿塘峡虽短，却能"镇全川之水，扼巴鄂咽喉"，古人形容瞿塘峡"峰与天关接，舟从地窟行"，沿江可见古栈道遗址、风箱峡古代悬棺、分壁墙、凤凰饮泉、倒吊和尚等奇观，其中分壁墙上布满了历代碑刻，十分可观。

天坑地缝

天坑地缝风景名胜区距奉节县城 70 多公里，距三峡黄金旅游线 50 公里，位于西安至张家界旅游专线中部，面积约 456 平方公里，辖 6 个主要景区，拥有气势恢宏的世界第一的大小寨天坑、狭长幽深的世界第一长天井峡地缝、世界级暗河龙桥河、旖旎秀丽的迷宫河等自然景观，是旅游、度假、科考、探险的理想胜地。

四、知行合一

开展一次实践活动，就周边环境存在的某一问题贡献自己应有之力，并做好相关的记录。

第四课　骨肉同胞心相连

一、说一说爱国

1. 珠玉之声

　　爱是细腻的，它如春风化雨般滋润你；爱是粗犷的，它如疾风骤雨般环绕你；爱是家人的不离不弃，爱是与爱人的心意相通，爱是……爱自己，爱家人，当你爱上你的骨肉同胞时，你的爱是伟大的，因为你在对自己的国家负责。

2. 大家说爱国

- 我荣幸地以中华民族一员的资格，而成为世界公民。我是中国人民的儿子，我深情地爱着我的祖国和人民。
- 我爱我的祖国，爱我的人民，离开了它，离开了他们，我就无法生存，更无法写作。
- 爱自己的祖国。这就是说，要渴望祖国能成为人类理想的体现，并尽自己的力量来促进这一点。
- 祖国如有难，汝应作前锋。
- 真正的爱国主义不应表现在华丽的语言上，而是应该表现在为祖国和为人民谋福利的行动上。
- 所谓爱国心，是指你身为这个国家的国民，对于这个国家，应当比对其他一切的国家感情更深厚。
- 不要问你的祖国能为你做什么，要问你能为你的祖国做什么。
- 我怀着比对我自己的生命更大的尊敬、神圣和严肃，去爱国家的利益。
- 爱祖国，首先要了解祖国；不了解，就说不上爱。
- 热爱自己的祖国是理所当然的事。
- 我死国生，我死犹荣，身虽死精神长生，成功成仁，实现大同。
- 谁不属于自己的祖国，他就不属于人类。
- 一身报国有万死，双鬓向人无再青。
- 爱国是文明人的首要美德。

• 一个真正的爱国主义者，用不着等待什么特殊机会，他完全可以在自己的岗位上表现自己对祖国的热爱。

二、讲一讲故事

1. 一个事例

求求你们让我再去救一个！我还能再救一个！

这是发生在汶川地震中的故事。一片一片的废墟，到处是哭喊的声音，救援战士发了疯一样地救人，跟着去的摄影师只拍了一张照片就扔下相机去帮忙，因为那情景让你不可能只是站着看。学校的主教学楼坍塌了大半，当时正在上课，有100多个孩子被压在下面，全是小学生。救援战士从废墟中已经抢救出十几个孩子和三十多具尸体。看着那些小小的、戴着红领巾却再也无法睁开眼睛的孩子，他们连说话的勇气都没有了。就在救援的关键时刻，坍塌的教学楼突然因余震和机吊操作发生了移动，随时都有可能发生第二次坍塌，此时进入废墟救援十分危险，指挥部下达命令，让钻入废墟的人马上撤离，等到情况稳定后再进入。此时，几位刚从废墟出来的战士又发现了孩子，他们已顾不得这么多，转头又想往里钻。这时，眼看一块巨大的混凝土块就要往下陷，那几位准备往里钻的战士被其他人拖到了安全地带。其中一位战士跪了下来，哭着说："你们让我再去救一个，求求你们让我再去救一个！我还能再救一个！"在场的人都哭了，但他们无计可施，只能眼睁睁地看着废墟第二次坍塌。

2. 讨论提纲

（1）搜索一下公众人物在地震后的表现，讨论他们对同胞的爱体现在哪些方面？
（2）年轻战士的行为让你想到了什么？
（3）你周围有哪些关爱他人的事例？

三、"奉节好人"

"奉节好人"李洪江

李洪江，永乐镇长凼村支部书记。他抢抓机遇促发展，积极争取上级资金，解决村民用水难问题，整修道路方便群众出行。三年多来，长凼村的交通建设迅猛发展，人畜饮水困难问题基本得到解决，高效农田建设顺利推进，农民新村建设近日启动，安全生产未发生重特大事故……李洪江的承诺正在一步步兑现，他的工作赢得了全村人民的尊重和镇领导的好评。

"奉节好人"黄成龙

黄成龙，草堂镇奇峰小学东坡村小教师。1978年9月，17岁的黄成龙成为东坡村一名民办教师，一干就是36年。其间他曾有多次离开东坡村小，到中心校任教的机会，但他都放弃了。他说："我是东坡人，我愿意把东坡的孩子教好。我也有一颗私心，反正是教书，我把东坡的娃儿多教几个出去，乡里乡亲的我也好交代一些。"因为他一旦离开了，东坡村小很难再找到一位这么优秀的教师。

他不仅在学习上是孩子们的老师，在做人方面更是孩子们学习的榜样，乡亲邻里得到他帮助的人不计其数。他曾多年坚持照顾邻居一位孤寡老人，直至老人去世。

"奉节好人"陈勇明

陈勇明，兴隆镇友谊村村民。1998年，陈勇明外出打工时，在水泥厂被烧伤，伤残定级为二级。突如其来的灾难，让本就贫穷的农村家庭陷入了噩梦。因身患残疾，陈勇明找工作处处碰壁，但他身残志坚，靠自己养活了一家人。

2008年，陈勇明回到家乡，向亲朋好友筹借了2万余元，购买了1000只鸡苗，办起了土鸡养殖场。通过镇上畜牧站的现场指导和自学养殖技术，第一批土鸡给他带来了6000多元的利润。2014年，陈勇明的养鸡场一年能卖出土鸡1万余只，鸡蛋2万余枚，有10多万元的经济收入。陈勇明还将养鸡技术教给身边的残疾人，带动残疾人发家致富，自食其力。

四、知行合一

开展一次实践活动，调查身边有哪些关爱他人的好人好事，并做好相关记录。

第五课　绽放的理性之花

一、说一说理性

1. 珠玉之声

对国家负责是历史的，也是现实的，是抽象的，也是具体的。但在我们看来，它还应是理性的，只有让理性之花绽放，我们才能切切实实地做到爱国，做到对国家负责。

2. 大家说理性

- 爱情是理性的放纵，是伟大心灵的享受，阳性的，严肃的享受；肉欲是街头巷尾出卖的，庸俗猥琐的享受：两者是同一事实的两面。
- 别的动物也都具有智力、热情，理性只有人类才有。
- 人，实则一切有理性者，所以存在，是由于自身是个目的，并不是只供这个或那个意志利用的工具。
- 绝对的总的宇宙发展过程中，各个具体过程的发展都是相对的，因而在绝对真理的长河中，人们对于在各个一定发展阶段上的具体过程的认识只具有相对的真理性。
- 棍子打人骨头疼，理性拿人心尖疼。
- 人们往往把任性也叫作自由，但是任性只是非理性的自由，人性的选择和自觉都不是出于意志的理性，而是出于偶然的动机以及这种动机对感性外在世界的依赖。
- 照耀人的唯一的灯是理性，引导生命于迷途的唯一手杖是良心。
- 火气甚大，容易引起愤怒的烦扰，是一种恶习，而使心灵向着那不正当的事情，那是一时冲动而没有理性的行动。
- 只有知识才是力量，只有知识能使我们诚实地爱人，尊重人的劳动，由衷地赞赏无间断的伟大劳动的美好成果；只有知识才能使我们成为具有坚强精神的、诚实的、有理性的人。
- 我的理性没受过弯曲和折叠的训练，能够那样做的只是我的膝盖。
- 理性和判断力是作为一个领导者的基本素质。
- 一个理性的动物，就应该有充分的果断和勇气，凡是自己应做的事，不应因里面有危险就退缩；当他遇到突发的或可怖的事情，也不应因恐怖而心里慌张，身体发抖，以致不能行动，或者跑开来去躲避。

- 理性为感情所掌握，如同一个软弱的人落在泼辣的妇人手中。
- 你们的理性与热情，是你航行的灵魂的舵和帆。

二、讲一讲故事

1. 看几则时评摘要

（一）

恰在国庆之前，中国女排以全胜战绩卫冕世界杯，第十次荣膺世界三大赛冠军，为新中国七十华诞献上最恰逢其时的贺礼，也让女排精神再次随共和国的旗帜高高飘扬。酣畅淋漓的胜利，让人重温了老女排开创五连冠伟业时的风采。

无论何时何地，人民需要英雄，生活需要榜样。对今天的年轻人来说，女排精神，就是日常里的英雄梦，迷惘时的一道光。虽万死仍不辞，濒绝境而重生，这就是精神的伟大之处——在艰难时期唤醒力量，在幸福年代则更需珍惜。

从个人角度，谁都向往诗和远方，但如果没有一点精神支撑，恐怕就会被眼前的苟且磨灭梦想。从国家层面，作为中国人民砥砺奋进的象征，女排精神具有凝心聚力的强大感召力，这正是同心共筑中国梦的精神力量。我们都在努力奔跑，我们都是追梦人。个人如是，民族亦然。

在实现"两个一百年"奋斗目标的历史交汇期，在实现中华民族伟大复兴的征程上，精神是最宝贵的财富。女排精神，历久弥新，永不过时！

女排背景：

1981 年，袁伟民率领中国女排在世界杯上首夺世界冠军，开启五连冠辉煌；

2003 年，陈忠和麾下的"黄金一代"时隔 17 年重夺世界冠军；

1981 年中国女排首夺冠军的时候，郎平 21 岁；2019 年荣膺第十冠，她已经 59 岁；她以运动员和教练员的身份见证了十次夺冠中的八次。

2019 年，郎平带着新一代中国女排在世界杯上成功卫冕。三次具备传承意义的夺冠，都是在大阪，都是在女排世界杯上。

1981 年到 2019 年，中国女排先后十次在世界女排三大赛上夺得冠军。每一次的夺冠历程不尽相同，有五连冠时代的水到渠成，有雅典奥运会上的惊天逆转，也有像 2019 年这样的"十全十美"。中国女排的十冠王，不仅在中国三大球当中成绩最好，放眼世界体坛，在不到 40 年间十夺世界冠军，也是不多见的。

（二）

中国女排夺得 2019 年女排世界杯冠军，成功卫冕。这是中国女排赢得的第十个世界大赛冠军，也是她们为新中国七十华诞送上的一份特殊的生日礼物。习近平总书记致电祝贺，勉励大家继续保持昂扬斗志，不骄不躁，再创佳绩。

作为三大球中唯一一支夺取过世界冠军的运动队，中国女排的影响力早已超越体育本身的意义，不仅是时代的集体记忆，更是激励国人持续奋斗、自强不息的精神符号。尽管成绩有起伏，但团结协作、顽强拼搏的女排精神始终代代相传，极大地激发了中国人的自豪、自尊和自信，为我们在新征程上奋进提供了强大的精神力量。

新时代的长征路上，我们同样会遇到各种各样的风险挑战，一个个"腊子口""娄山关"等待我们去战胜。跨越艰难险阻，需要坚强的意志，需要拼搏的精神，需要团结的作风。历久弥新的女排精神给我们以深刻的启迪，激发我们发扬好女排精神，在新的征程中赢得新的胜利。

发扬女排精神，就要心往一处想，劲往一处使，拧成一股绳，同圆中国梦。实现中华民族伟大复兴是全体中国人民共同的追求，我们要像中国女排一样，将国家荣誉和集体利益放在最高位置，团结一致，密切协作，同心同德，甘于奉献，把个人的理想追求融入实现民族复兴伟大梦想的实践中，形成同心共筑中国梦的千钧合力。

发扬女排精神，就要在逆境中决不放弃，在低谷中坚持拼搏，在挫折后勇于奋起，始终保持昂扬向上的奋斗姿态。我们要从女排精神中汲取力量，坚定信心、勇毅笃行，不畏强手、敢打敢拼，以强大闯关实力奔向中国梦的光明未来。中华民族伟大复兴，绝不是轻轻松松、敲锣打鼓就能实现的。让我们牢记习近平总书记的嘱托，以中国女排为榜样，发扬女排精神，保持昂扬斗志，齐心协力，共同奋斗，为民族复兴提供凝心聚气的强大精神动力，努力创造不负新时代的更大业绩！

（三）

从 1981 年到 1986 年，中国女排创下的世界排球史上第一个"五连冠"，开创了我国大球翻身的新篇章。

1981 年 11 月，中国女排首次夺得世界冠军后，当时的《人民日报》就曾报道，截至 1981 年 12 月 4 日，中国女排收到贺信、贺电和各种纪念品达 3 万多件。北京商标一厂、无锡钟表厂等生产单位的职工在信中表示，要"学习女排精神，保证完成和超额完成生产任务"。受"女排精神"鼓舞的北大学子则喊出"团结起来，振兴中华"的时代最强音。

女排夺得三连冠后，各种媒体更是加大了对女排精神的宣传力度。诸如有媒体报道，

"某工厂女工看了女排的事迹之后，每天早来晚走，精心操作，班产量天天超额完成计划"；"某煤矿工人看完女排比赛之后，自觉加义务班，日日超产"等。《人民日报》还开辟了"学女排，见行动"的专栏。

更多的中国人则通过女排精神，真实地体会到一种从未有过的自豪感。"学习女排、振兴中华"成为口号，在全社会掀起了一股学习中国女排的热潮。简而言之，女排精神就是拼搏精神。这种精神在当时的中国，被大力提倡，有着深刻的时代背景。社会学家、中国社科院社会学研究所研究员王春光指出："改革开放早期阶段，国人猛地意识到与世界的差距，而变得有些失落和彷徨。在这一背景下，'女排精神'广为传颂，其实就是在向国人和全世界庄严宣告中华民族崛起的信心和能力。"

2. 讨论提纲

（1）"我们都在努力奔跑，我们都是追梦人。个人如是，民族亦然。"我们的动力来自哪里？

（2）就女排精神谈谈中华民族的血性和毅力。

三、奉节人的理性爱国

在三峡工程的建设史上，2002 年 11 月 4 日上午 10 时 50 分，是一个不能不被载入史册的时刻，短暂的 8 秒钟，18 声巨响，随着 9 幢高楼的轰然倒地，千古名城奉节老城就这样永远地走进了历史，取而代之的是距其仅 10 公里的奉节新城。见证这座有着 2300 多年历史的古城消失的，不仅有数十名爆破施工人员和 100 多名来自全国各地的新闻记者，还有生于斯长于斯的数千名老城居民。

8 秒成功炸掉 9 幢楼

据介绍，此次进行的是三峡清库以来规模最大，也是奉节城最后的一次爆破，共 9 幢大楼总计 6 万平方米的建筑被炸掉。这些建筑物主要分布在奉节旧城的锅底池、小南门和邵家巷。由于爆破目标的体量和每孔炸药的当量不同，整个爆破安装了 800 公斤炸药。而这 800 公斤炸药，都是在爆破前最安全的时段内，装进 3 万多个炸药孔中的。其中，最难啃的"硬骨头"是奉节建设银行综合大楼，它高 14 层 60 多米，包括主楼、附属楼和宿舍楼三部分，是三峡库区拆迁最高的楼房，仅电梯间、地下金库的墙壁厚度就达 37 厘米以上。

上午 10 时 40 分，长长的警报声响起。10 时 50 分，本次爆破的施工总指挥张再同准时下达了起爆命令，开始进入 10 秒钟的倒计时。在有关方面专门选择的目击爆炸点的一栋大楼顶上，上百名新闻记者和工程指挥人员屏住呼吸，等待爆炸时刻的到来。"……3、2、1。"随着最后十秒数完，18声巨响之后，9栋大楼在短短8秒钟内悉数倒下，尤其是爆破难度最大的建设银行综合大楼，在指定时间按照指定方向倒下后，现场发出阵阵欢呼声。

老城居民含泪看爆破

因为这是最后一爆，奉节城成为人们关注的中心，因此，在爆破前，施工单位和当地警方加强了安全保卫工作。从早上8时起，上百名警察、保安和民兵就来到爆破现场进行清理，聚集在爆炸现场周围的施工人员和拣拾废品的市民被疏散，安装好炸药的9栋大楼被施工单位再次仔细地检查了一遍。负责治安的警察、民兵和保安再次拉网式检查了现场区域，直到确信无人后才全部撤离，随后，爆炸现场封闭，各出入口由治安人员把守。

闻讯而来的数千名市民也早早赶到现场，一时间站满了爆炸现场周围的安全地带。

张全明老人已在奉节城生活了60年，在爆破现场，他始终站在最前沿的地带观看，爆破前后，老人不止一次地用手擦去眼中的泪水。"我实在是不舍得这些大楼消失，但是可以理解它们的归宿。"张全明老人告诉记者，二三十年前他亲眼看着这些楼从旧木房群中立起来，而且自己还在其中一幢大楼里工作过。"可以理解，他是看着这些建筑物建立起来又被爆破消失，而且这里连土地都要被沉入水中，作为一名老奉节人，心中当然有些不忍。"一名熟悉张大爷的市民对记者说。

四、知行合一

开展一次实践活动，调查身边有哪些理性爱国的事情，并做好相关记录。

第六课　修身律己薪火传

一、说一说修身

1. 珠玉之声

立大事者，需意坚志强；成大志者，需修身自强；成大器者，需爱国爱疆。我们唯有修身自强，常怀爱国之心，方能成大事，方能真正做到对国家负责。

2. 大家说修身

- 修己而不责人。
- 弟子，入则孝，出则悌，谨而信，泛爱众，而亲仁。行有余力，则以学文。
- 以德服人。
- 士不可以不弘毅，任重而道远。仁以为己任，不亦重乎？死而后已，不亦远乎？
- 子贡问曰："有一言而可以终身行之者乎？"子曰："其恕乎！己所不欲，勿施于人。"
- 寡欲以清心，寡染以清身，寡言以清口。
- 君子不可以不修身。
- 人无远虑，必有近忧。
- 君子和而不同，小人同而不和。
- 礼尚往来。往而不来，非礼也，来而不往，亦非礼也。
- 身不修则德不立。德不立而能化成于家者盖寡矣。而况于天下乎。
- 芝兰生于幽谷，不以无人而不芳；君子修道立德，不为穷困而改节。
- 治外物易，治己身难。
- 日省其身，有则改之，无则加勉。
- 天行健，君子以自强不息；地势坤，君子以厚德载物。

二、讲一讲故事

1. 看一则新闻

2012年4月26日，由中央文明办、工信部、国资委与中国移动、中国电信、中国联通共同组织开展的"修身律己　做文明人"文明短信传递活动在北京启动。

启动仪式上，主办单位为获得2011年度文明短信传递活动的优秀创作奖、转发奖和组织奖代表进行了颁奖，并对2012年以"传中华经典，扬正风正气"为主题的文明短信传递活动进行了部署动员。

2012年，开展"修身律己　做文明人"文明短信传递活动，将围绕"传中华经典、扬正风正气"主题，引导人们学习研读中华传统经典，用优秀传统文化陶冶情操、修身立德，塑造高尚品格。主办单位将甄选弘扬传统美德的重点汉字、经典语录、古文诗词进行准确阐释，以信息、微博文章等形式免费推介，广大手机用户可以下载、转发和学习讨论，也可以创作短信、短文、图片、音视频上传。通过推送、创作、转发等各个环节的互动，激发广大群众学习经典的积极性，弘扬道德文化，增强道德自觉。

据悉，文明短信传递活动坚持公益原则，手机用户上传、下载、转发信息均免收信息费。中国移动、中国电信、中国联通分别对本系统平台征集的短信进行评审，奖励原创和转发的获奖用户。

2012年，我国已有10亿手机用户。营造健康手机文化环境，传播文明道德风尚，成为全社会的共同期待。近年来，中央文明办等部门先后组织开展了"倡导文明　传递爱心""祝福祖国""迎世博　迎亚运　讲文明　树新风"和"修身律己　做文明人"等文明短信传递活动，吸引广大干部群众运用手机创作、传播、共享文明短信，产生了热烈的社会反响。活动覆盖全国31个省区市，工人、农民、学生、教师、军人、公务员以及港澳居民共8500多万手机用户积极参与，创作、转发文明短信超过7.6亿条，对于建设主流手机文化产生了积极的导向和示范作用。

2. 讨论提纲

（1）"修身律己　做文明人"文明短信传递活动有何现实意义？

（2）你是否做到了修身律己？

（3）你身边有哪些修身律己的事例？

三、奉节人在行动

1999 年，一场意外她跌落悬崖，双腿截瘫。2007 年前，机缘巧合，刺绣成为她飞翔的翅膀。她在自己 30 岁生日写下一段话："接纳自己，相信自己！我还有我的笑容呢，可以给世间添一缕灿烂，而我的刺绣，可以给世间点缀一抹美丽！"2018 年，她荣获"全国五一劳动奖章"。

天使折翼，生活失去色彩

1999 年夏天，12 岁的石胜兰刚放暑假。那一天，忙了一天农活的她在归途不慎跌落悬崖。等到父母从崖底找到胜兰时，她已昏迷许久，在送往县医院的路上又耽搁了两个小时。然而，胜兰的劫难才刚刚开始。

"医院停电了，不能手术，拉回去吧。"医生的话如惊雷般回响在父母的脑海里，胜兰的母亲无法接受，哭喊着求医生诊治。好在一会儿电来了，手术成功地进行，胜兰活了下来，但她的双腿却永远地定格在那个夏天。受伤之后，一切都变了，用胜兰的话说，"所有的一切，都得像个婴儿一样从头来过"。

起初胜兰还小，并没有意识到失去双腿会对自己的生活有多大的影响，随着年龄的增长，她曾一度对生活失去希望。那时的胜兰只能待在床上，对外面的世界一无所知。

凤凰涅槃，用双手撑起梦想

2007 年春天，胜兰因巧合在公交车上遇到一位热心的老奶奶。老奶奶告诉她虽然双腿不能站立，但双手可以学一门手艺，并向她推荐了刺绣。胜兰铭记在心，不久便在母亲的陪同下拜师学艺。

接触刺绣后，胜兰深深感受到了生活带给她的温暖。身体的不便并没有影响胜兰对刺绣的热情，家庭与老师的照顾，更让她信心百倍，学起来也比别人更加用心。

一幅完整的刺绣，至少需要两百多种颜色的丝线。三个月的学艺时光虽然短暂，却没有让胜兰至此止步，她"几乎每天都会待在家里做刺绣"。同年，她的首部作品《牡丹小鸟》在中国重庆职业技能大赛上获得优秀奖。

2010 年 11 月在重庆举办的第三届工艺美术展览会上，她的作品《绝美三峡》获得银奖；2015 年 6 月，她的作品《荷花》参加第五届四川省工艺美术精品展获得金奖；2015 年 7 月，她代表重庆参加第五届全国残疾人职业技能竞赛刺绣项目，获得拼搏奖。

2016 年，在重庆文博会首届工艺美术暨国际艺术精品展中，石胜兰绣的《白帝雄姿》荣获"工匠杯"金奖，她的刺绣人生越发精彩。

最满意的永远是下一幅作品

虽然已获得了诸多荣誉，石胜兰依旧一门心思扑在刺绣上。不大的客厅中摆放着大大小小十几幅刺绣作品，卧室的窗前也放着平时刺绣所要用的工具——针线、底布、纸笔。

"大一点的，可能一年可以绣出一幅。"石胜兰说。一幅完整的刺绣，至少需要两百多种颜色的丝线，并且刺绣过程也不能一气呵成，有时还需要返工，因此时间都比较长。

从山水风景到花虫鸟兽，石胜兰涉猎的题材多种多样，复杂多变，但她还是用足够的耐心，力求做到最好。在她的眼里：最满意的永远是下一幅作品！

四、知行合一

开展一次实践活动，调查身边有哪些修身律己的故事，并做好相关记录。

/ 第七部分 /

对大自然负责

第一课　等到满山红叶时

一、看一部电影

我看《等到满山红叶时》，每看一次都有不同的感受。比起那些无聊的消遣片子来，这部具有奉节生活气息的电影不知道要好多少倍。我看到的不仅仅是一个青年的奉献精神，还有一曲悲壮的颂歌。

这部电影是"文化大革命"结束后拍摄的一部非常好的人性之作，讲述了一个动人的爱情故事。女主角是由吴海燕扮演的。影片主要情节大致是：长江三峡瞿塘峡段的江边上，一个只有父子两人的人家，父亲是航运信号员，儿子是七八岁的少年。一天他们抢救一艘沉船，但只救起一个只有两岁的女孩，女孩的父母都不幸遇难。父子二人收养了这个可怜的女孩，从此三人相依为命。当哥哥高中毕业考上大学时，父亲去世。哥哥看着还未成年的妹妹，为了抚养妹妹，供妹妹读书，毅然把大学入学通知书丢进长江，接替父亲当了一名川江上的信号员。妹妹长大后考上了大学学习船舶驾驶。当妹妹毕业满心欢喜回家时，哥哥却因为抢救航标被洪水冲走了。妹妹忍着失去亲人的巨大悲痛，怀着对异姓哥哥深切的爱，决心一辈子驾船航行在川江上，永远守护这承载着真挚亲情、纯洁爱情的山山水水。这是一个非常凄美动人的故事，三峡红叶是贯穿整个影片的主线，红叶记载了这个组合家庭的纯朴亲情、兄妹的童年和他们的成长，寄托了妹妹对哥哥的思念和缅怀。影片拍摄得像诗一般的美，人性美，画面美，音乐美……

记得影片中多次响起主题歌，印象最深的有两次，一次是当小哥哥背着幼小的妹妹走在满是红叶的山崖上用童声唱的，稚气中带有山歌风味的歌声使人深深感到了人间的真情，贫苦人家的相濡以沫；另一次是多年后的妹妹对追求她的同学讲起她的身世和故事时唱的，歌声充满深情和缅怀，仿佛是呼唤在天国中的哥哥。此情此景有血肉的男儿都会感动。

　　我第一次看这部电影的时候，正在读中学，当时还不能完全看懂，只是觉得很好看，歌也好听。随着年龄的增大，这部电影留下的印象却越来越深了，有时猛然间听到这电影优美的主题曲《满山红叶似彩霞》，不由得要凝神驻足。二十多年过去了，一直为这个故事所传达出的美好人性而感动。

二、唱一首歌

满山红叶似彩霞
——电影《等到满山红叶时》插曲
（女声独唱）

高型 罗志明 词
向 异 曲

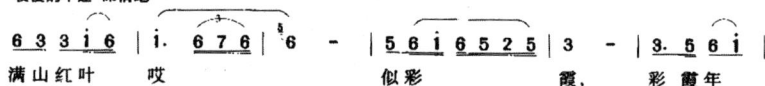

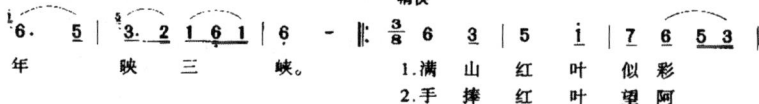

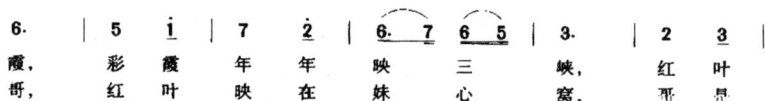

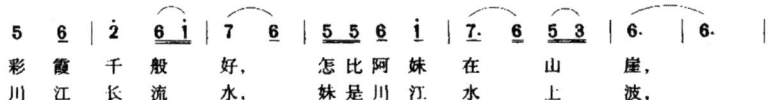

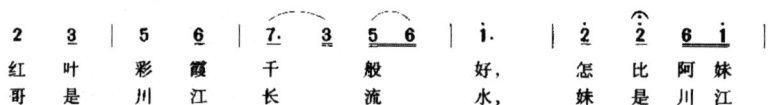

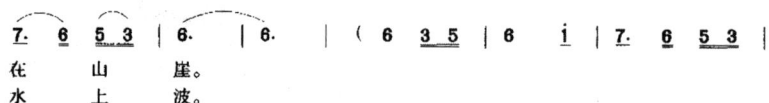

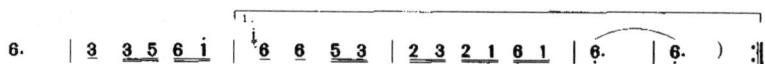

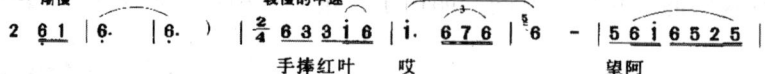

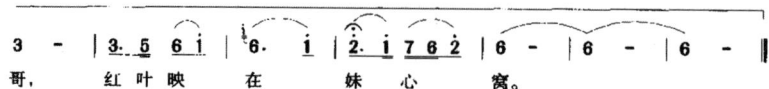

三、做一个引领

三峡的红叶

［美］毅 江

身处异国他乡的我，最近从报上看到了一张三峡大坝蓄水后的照片，思路不禁又回到了那梦萦魂牵的三峡……我第二次走过三峡，时值深秋。

清晨我步出顺流而下的江轮甲板，但觉江风凛冽寒气逼人，那两山束江、形势险峻的夔门在晓烟薄雾中正扑面而来。只见两岸海拔一千五百多米的悬崖峭壁硬是把滔滔江水挤迫到只有百米宽的峡道中，江面上是水转波旋激流滚滚，头顶上是重岩叠嶂一线云天。

置身在这一幅气势奇雄，充满大自然的荒蛮与伟力的图画中，人的精神和肉体不能不经受极大的震撼。什么也甭想，什么也甭说，让生命重重实实地受一次惊吓。千万别从惊吓中醒过神来，清醒的人都消受不住这三峡。

大家的心潮还未完全地平复下来，江轮已驶入了峰秀景幽的巫峡。"玉露凋伤枫树林，巫山巫峡气萧森。江间波浪兼天涌，塞上风云接地阴。"……

一千多年前杜甫用诗句来描绘的巫山秋景图，此刻又重现在我们的眼前。

江轮拐过一个弯，"看，红叶！"身边突然响起欢快的叫声。我忙抬头张望，只见高崖上有数丛叫不上名字的矮树灌木，清冷中犹自抖擞着被寒霜染红的枝叶，在萧瑟秋风里展现着其最后的辉煌。

由于饱遭峡江的风吹霜打，这些红叶不如"霜叶红于二月花"那样的灿烂，也没有"西山红叶好，霜重色愈浓"这般的凝重，它们的红是淡淡的，像斑斑铁锈，间中还夹杂着黄色和褐色，然而却给这苍凉幽深的峡谷抹上了一笔亮丽的色彩，带来了点点生动活泼的气息。江轮款款前行，两边山崖上的红叶也越来越多，色彩也越来越浓，逐渐伸延成一片一片的。

远远望去，只见巫山群峰宛如披上万丈红霞，千姿百态，亭亭玉立的神女峰却似有一袭轻纱掩面，默默含愁。刚才大自然还展示着其雄伟阳刚的力，现在一下子又变成了阴柔幽秀的美。

三峡的这种雄与秀、险与幽、力与美的跌宕变更，竟是如此强烈地冲击着人们的心灵，震荡着人们的魂魄！突然间我明白了，正是这种自然力对生命力的强烈冲撞，再加上一条滚滚东流的长江所翻腾着的那华夏数千年的历史文化，终于完成了三峡那惊心动魄的美，成就了三峡那永恒不衰的魅力。

（选自《星岛日报》，有删改）

【思考】

（1）讲讲三峡的故事。

（2）三峡红叶与环境保护的关系是什么？

四、做一个调查

调查一类人对三峡红叶的印象。

五、写一篇反思

我们应该怎样保护我们的家园？

六、搜集一个案例

搜集一个关于山石树林保护的案例。

第二课　为有源头活水来

一、说一说山水

有人说："智者乐山山如画，仁者乐水水无涯。"

自古以来，无数的文人墨客寄情山水，抒怀表志。

时至今日，从喧哗的钢筋水泥森林中逃离，回到山林，早已成为很多人的假日情结。

可以想象这样的情景：早晨起床，推开窗，看着远山的一抹浓绿，听着溪流的清脆声音，嗅着沁人心脾的花草馨香……山与水的辉映，身与心的交融，找到心灵的慰藉，回到生命的本初。

德国诗人荷尔德林说："人，诗意地栖息在大地上。"于是"诗意地生活"让人们在繁忙奔走之余，多了一丝浪漫的念想。人们可以走出钢筋水泥的森林，给灵魂找一个出口，为身心彻底放一次假。

朝辞白帝彩云间，千里江陵一日还。两岸猿声啼不住，轻舟已过万重山。

长江春水绿堪染，莲叶出水大如钱。江头橘树君自种，那不长系木兰船。

大江东去，浪淘尽，千古风流人物。故垒西边，人道是，三国周郎赤壁。乱石穿空，惊涛拍岸，卷起千堆雪。

自三峡七百里中，两岸连山，略无阙处。重岩叠嶂，隐天蔽日。自非亭午夜分，不见曦月。

至于夏水襄陵，沿溯阻绝。或王命急宣，有时朝发白帝，暮到江陵，其间千二百里，虽乘奔御风，不以疾也。

春冬之时，则素湍绿潭，回清倒影。绝巘多生怪柏，悬泉瀑布，飞漱其间，清荣峻茂，良多趣味。

每至晴初霜旦，林寒涧肃，常有高猿长啸，属引凄异，空谷传响，哀转久绝。故渔者歌曰："巴东三峡巫峡长，猿鸣三声泪沾裳！"

二、讲一个故事

川江两岸

相传，张飞的神灵经常保佑庙前来往的行船，常常给他们吹三十里顺风。可能我们也享受到了这种待遇，顺水加顺风，60多公里的路程已经留在了身后。前面又迎来了奉节县城。

奉节县城，也和我们前面讲过的泸州、重庆、丰都、万县、云阳一样，地处长江的北岸，这当然不能用巧合来解释了。坐北朝南，既面临大江又能充分地接收阳光，是这些城市选址的共同依据。

奉节城历史悠久，古迹很多。然而，最有名气的还是坐落在瞿塘峡西口的白帝城。2000多年前的西汉末年，有个叫公孙述的，割据四川，在这里建都登基为王，自称白帝，所建之城就取名白帝城。

白帝城是刘备托孤的地方。三国时代，蜀国皇帝刘备出兵伐吴失败后兵退白帝城。刘备临死前把幼主刘禅和国家大事托于丞相诸葛亮，这是人们所熟悉的白帝城托孤的故事。

白帝城跟三国结下了不解之缘，噢，请注意看，屋脊上飞檐堂，绘着一幅幅彩色图画，每一幅画都是一个生动的三国故事。如果在这里细细地观赏，可以帮助你重温一下三国鼎立的历史。

白帝城内，还存有许多珍贵的文物。有块碑刻于隋朝，已经有1300多年的历史。那块碑叫凤凰碑，碑上刻有鸟中之王凤凰、花中之王牡丹和树中之王梧桐，所以也叫三王碑。还有一块竹叶碑，远看三根竹近看诗一首，碑上的竹叶巧妙地构成了一首诗："不谢东篱意，丹青独自名。莫嫌孤叶淡，终久不凋零。"真是诗中有画，画中有诗啊。白帝城瑰丽的自然风光，悲壮的历史故事，珍贵的文物古迹和美妙的神话传说，吸引着各种各样的人前来这里，其中最突出的自然是诗人，李白、杜甫、白居易、刘禹锡、苏轼、黄庭坚、陆游等等著名诗人，都先后来过白帝城，并且在这里留下了脍炙人口的诗篇。

壮丽的三峡

提起三峡，大家一定会记得，毛泽东同志曾经在《水调歌头·游泳》这首词中给我们展示了这样一幅宏伟的蓝图："更立西江石壁，截断巫山云雨，高峡出平湖。神女应无恙，当惊世界殊。"大家知道，三峡控制了整个长江上游的来水，水量几乎占长江总水量的一半，而且从重庆到宜昌这600多公里的河段中，落差达140米，这意味着长江三峡蕴藏着多么丰富的水力资源。瞿塘峡、巫峡、西陵峡总称三峡，它地跨四川的奉节、巫山和湖北的巴东、秭归、宜昌等五个县市，全长近200公里。

有人说三峡像一幅展不尽的山水画卷，也有人说三峡是一条丰富多彩的文化艺术长廊，依我们看，三峡倒更像一部辉煌的交响乐，它由瞿塘雄、巫峡秀、西陵险这三个具有各自不同旋律、不同节奏的乐章所组成。

瞿塘峡从奉节县的白帝城，到巫山县的大溪，全长8公里。"朝辞白帝彩云间，千里江陵一日还。两岸猿声啼不住，轻舟已过万重山。"唐代大诗人李白的这首诗，可以说是歌咏三峡的千古绝句，也可以说是我们这部交响乐最好的序奏。

瞿塘峡是三峡交响乐的第一乐章，如果称它为"英雄颂"似乎更恰当。

您听，瞿塘嘈嘈急如弦，由江流组成的主旋律是多么高亢、多么雄壮。

您看，山水相争各不相让。在夔门口展开了一场惊心动魄的大搏斗。长江紧束腰身使出浑身力气，终于突门而入，从巫山中间挤出一条弯弯曲曲的水路，奔腾咆哮，勇往直前。激流冲击巨石，跳荡出震撼天地的音响。它是那么百折不挠，锐不可当。

正如陈毅同志诗中所说："三峡束长江，欲令江流改。谁知破夔门，东流成大海。"莫非这就是长江的性格、长江的胸怀。

在如此陡峭的绝壁下，我们的古人真是好样的，他们居然在岩壁上留下了这么多的碑文题刻。从这些字大如斗、笔法洒脱遒劲的历代碑刻，可以看出我国古代文化艺术的高超水平。冯玉祥先生的"踏出夔巫，打走倭寇"的题词反映了一个爱国将领反对外来侵略的坚强决心。读此题刻祖国山河不容侵犯之感油然而生。

最令人惊叹的还是那些在绝壁上留下的方形石孔，人们叫它"孟良梯"。其实这是古栈道遗址。可想而知，在那么险恶的地形上凿石架梯铺路，这难道不是一件英雄行为吗？

在右岸的崖壁缝中存放的壮如风箱之类的东西，是几千年前巴楚民族悬棺葬的遗物。把那些物件，放置到上不着天下不着地的场所去，实在也称得起是一件壮举！

瞿塘峡，你不愧为一条英雄的峡，短短8公里，你一路雄风唱高歌，从古到今，洋洋洒洒写不尽啊唱不完。

"无边落木萧萧下，不尽长江滚滚来。"啊，长江三峡，你给人增添了多少壮志豪情，你给人多少美的享受，你更给人无穷尽的勇气和力量！

放歌吧，长江三峡，我们要歌唱你那永不休止的奔流；放歌吧，长江三峡，我们要赞颂你那永不停顿的追求。

（摘自《话说长江》，有删改）

【思考】

传说也好，现实也好，我们应该怎样保护长江？

三、做一个引领

梅溪河过去是有很多鱼的，现在呢？为什么？其他小河呢？

四、做一个调查

近年来，随着地区经济的飞速发展，水污染问题也越来越严重。中国是一个干旱、缺水严重的国家，是水资源最贫乏的国家之一，淡水资源总量仅有28000亿立方米，人口占全世界的20%，但水资源只占全球的6%，人均只有2200立方米。绍兴是中国水资源最丰厚的地区之一，但近年来的污染竟使得6个省市严重缺水，以下是我就绍兴水资源污染情况作的调查报告。

河道污染情况调查

城北污染企业在晚上偷偷往河里排放污水，导致河水变臭变脏；不良餐饮业到河里丢弃塑料袋、一次性筷子、一次性餐盒等；附近居民在河里洗衣服，把肥皂水以及衣服上的脏东西洗到河里，导致河内磷过剩，河面上的水生植物疯狂生长，把整个河面盖住，使大量鱼类死亡。这样的事例比比皆是，大部分河道里的水已经变得浑浊不堪，我们将面临缺水的危机。

河面观测

经过各位同学在家附近河道表面观测后，陈同学发现河面上有不少油脂和死鱼，漂在河面上十分碍眼，诸同学则看到一片又一片的水葫芦，刘同学看到河水色泽浑浊，这已是一个不容争辩的事实！曾经听到过一个笑话，一辆运送河水的货车开在山野里没油了，周围也没有加油站，司机看了一眼漂满油脂的河水，果断地舀了一些灌进油箱，不一会儿，货车又在山野里开了起来，这足以说明现在的水质有多糟糕！

家庭用水急剧上升

经过调查，我们得知朱同学家每月用水8吨，她外婆家每月用水9吨，她阿姨家每月竟用水15吨。除非是浪费水，月用水量绝对不可能这么多！张同学家月用水量为7~9吨，她奶奶家月用水量为6~9吨。我家月用水量9吨，我外婆家却只有3吨。这一系列的数据告诉我们——现在人们的用水量都大于以前人们的用水量，毋庸置疑，我们的后代的用水量将会急剧上升。

结论

通过各种调查，我们发现现在的水资源越来越少，水质变差，就连我国最大的淡水湖——鄱阳湖里的水也已经干旱。如果我们再不节约水资源，地球上最后一滴水将是我们的眼泪。

五、写一篇反思

反思我们应该如何珍惜淡水资源。

六、搜集一个案例

搜集一个保护小河的案例。

第三课　蓝天白云飞三峡

仰望蓝天大多有白云陪衬，那些变幻莫测的云，或流动，或停驻，有意无意地为蓝天添了装饰；平视蓝天则是一望无际的素面，满眼都湛蓝或者蔚蓝的颜色。

一、说一说蓝天

- 蓝天上飘来洁白的云霞

  就像那一朵朵盛开的玉兰花

  拨散了海上　海上的迷雾

  带来了春天　春天的光华

  白云啊白云　白云啊白云

  和我们一起远航在天涯

  （白云啊白云　白云啊白云

  和我们一起远航在天涯）

  蓝天上升起绚丽的彩霞

  就像那一丛丛怒放的杜鹃花

  送走了大海　大海的孤寂

  焕发出青春　青春的火花

  彩霞啊彩霞　彩霞啊彩霞

  和我们一起远航在天涯

  （彩霞啊彩霞　彩霞啊彩霞

  和我们一起远航在天涯）

- 天蓝得像一汪海水，几朵飘悠悠的白云，洋洋洒洒地点缀在天空中，像一个美妙的老人的梦。

- 天晴得像一张蓝纸，几片薄薄的白云，像被阳光晒化了似的，随风缓缓浮游着。

- 透蓝的天空，悬着火球般的太阳，云彩受不住酷热，悄悄地躲得无影无踪。

- 天空高远、洁净，片片白云轻轻飘着，像大海里浮动的白帆。

- 秋高气爽，天像擦拭得一尘不染的玻璃，轻绵的云朵，雪白雪白的如奶汁一样。

- 那光洁的蓝天，像琢磨得很光滑的蓝宝石，又像织得很精致的蓝缎子。

• 蓝色的天幕上嵌着一轮金光灿烂的太阳，一片白云像碧海上的孤帆在晴空飘游。

二、敲一下警钟

1. 了解一些环境问题

日本四日市废气事件

1961 年，日本四日市由于石油冶炼和工业燃油产生的废气严重污染大气，引起居民呼吸道疾病剧增，尤其是哮喘病的发病率大大提高，形成了一种突出的环境问题。

城镇空气污染最重的时候

城镇大气污染的程度，与季节气候及每天人们的生活活动有关，一般是夏、秋两季，空气最清洁污染最轻，冬季和春季的头两个月空气污染最重。一天中，中午和下午空气较清洁，早晨、傍晚和晚上空气污染较重。其中，晚上 7 点和早晨 7 点左右为污染高峰期。当地面温度高于空气温度时，天空中形成逆温层，像一个盖子一样压在地面上，各种污染物不易扩散。一般在晚间和冬春季逆层较厚，影响地面污浊的空气稀释和扩散，因此空气污染最重。

世界上毒性最大的地方

美国约翰斯岛位于夏威夷西南约 1100 公里，这里是世界上毒性最大的地方。该岛长仅 3.2 公里，宽 2.4 公里，是一座珊瑚岛。岛上有一个历史"悠久"的核武器试验场，钚 2.5 万桶化学脱叶剂和几千枚神经毒气弹、芥子气弹被埋在那些混凝土"圆顶建筑"内，美国储存在该岛的 1.2 万吨化学毒剂也在这里销毁，这个数字超过美国化学武器总量的 1/3。

世界上最脏的城市之一

由于开罗人口增长率特别高，工业迅速发展，这个城市已成为世界上最脏的城市之一。该城市二氧化碳、氧化氮和一氧化碳的含量达到惊人的程度。与此同时，该城闹市区交通警察血液中铅的含量也是世界上最高的。开罗大学医学院的埃马博士对燃烧造成的空气污染给开罗市中心的工人和居民带来的影响进行了研究。他估计，开罗市至少有 15% ~20% 的人患有严重的呼吸系统疾病。开罗空气污染的程度甚至比墨西哥和洛杉矶还严重。埃及卫生部官员说，大部分灰尘不是来自沙漠，就是来自开罗以南的几家水泥厂的有害硅酸盐。

世界上噪声最高的城市

巴西的里约热内卢已成为世界上最喧闹的城市之一。据巴西声学学会公布的一份材料称：该市噪声已达 85 分贝，在一些汽车流量最大地区的 4 小时内，噪声竟高达93 分贝。在市区周围，噪声正以每年 1.5 分贝的速度增长，已超出本地市民能忍受的程度。

2. 讨论提纲

（1）我们奉节县的大气污染有哪些？

（2）我们应该做些什么？

三、做一个引领

（1）谈谈大气污染对我们的影响。

（2）我们渴望蓝天白云，应该从哪些地方做起？

四、做一个调查

写一个大气污染调查报告。

五、写一篇反思

（1）读了这部分内容，你有什么感想？

（2）为了全社会都防治大气污染，你有什么建议？

六、搜集一个案例

搜集一个关于大气污染的案例。

第四课　乌云压顶乌云顶

一、说一说污染

　　乌云压顶乌云顶，罪恶倾城罪恶城。我们渴望一个干净的奉节，一个青山绿水的奉节，一个蓝天白云的奉节。山因水而巍峨，水因山而秀美；山有状而水无形，山有头而水无尽。我想，山是静止的，水则奔腾不息；水是永恒的蔚蓝，山则色彩绚烂。山水相依便有了大自然的明丽。山和水的融合，是静和动的搭配，单调与精彩的结合，也就组成了最美的风景。智者爱水，仁者爱山。我不是智者，我也不是仁者，但我却偏爱大自然的山山水水，在青山绿水、名山大川中找寻最美的风景。

　　黑瘴蔽日唉声多，鸟语花香忆中落。伴云之势拔地起，条条乌墨汇成河。不见先者此番活，只看后人这般做。待得梦里相遇时，唯恐家园成过客。

　　我们不好好善待大自然，大自然就会惩罚我们。

　　（1）关灯一小时，节能第一步，能源已匮乏，节俭是美德；栽下一棵树，环保第一步，空气受污染，环境须保护；步行去上班，减排第一步，绿色又环保，身心皆健康。地球一小时，走出节能第一步，走向美好未来！

　　（2）如今行车很贵，油价飙升似飞，占个车位，还要缴费，上个路，还要交税，更有噪声污染，伤害了心肺。世界无车日，倡导绿色出行，多走两步，还地球完美。

　　（3）环境日，少污染，要减排；上班途，骑单车；节能源，已当先；水和电，不浪费；花和草，不践踏；海与河，多保护；爱地球，护环境。世界环境日，一起行动，愿你开心快乐。

　　（4）不开车，无污染，绿色出行多简单；骑单车，多悠闲，快快乐乐把身健；11路，不辛苦，健康出行人羡慕。世界无车日，当我们迈开双脚，文明就跨出了一大步！

　　（5）烟雾缭绕中将健康吞噬，吞云吐雾中将肺脏染黑，烟气袅袅中将环境污染，一吸一抽中将疾病唤来，世界无烟日，为了您及他人的健康，请您远离香烟！

　　（6）水是万物之源，没有水生命难以保全。环境污染使水资源恶化、减少，人类面临着新的挑战。快快行动起来，保护水资源，珍惜水资源，让人类的明天依旧灿烂！

　　（7）我们共有一个家，它的名字叫地球。工业发展污染增，地球不再美如画。雾霾严重呼吸难，出门害怕健康丢失。湖水污浊鱼虾逃，饮水担心水安全。世界环境日，快快行动起来，保护我们的家园！

二、讲一讲故事

1. 关于污染的案例

马斯河谷烟雾事件

比利时马斯河谷是工业区。在这个狭窄的河谷里有炼油厂、金属厂、玻璃厂等许多工厂。1930年12月1日至5日，河谷上空出现了很强的逆温层，致使13个大烟囱排出的烟尘无法扩散，大量有害气体积累在近地大气层，对人体造成严重伤害。一周内有60多人丧生，其中心脏病、肺病患者死亡率最高，许多牲畜死亡。

洛杉矶光化学烟雾事件

1943年夏季，美国西海岸的洛杉矶市。该市250万辆汽车每天燃烧掉1100吨汽油。汽油燃烧后产生的碳氢化合物等在太阳紫外线照射下引起化学反应，形成浅蓝色烟雾，该市很多市民因此患了眼红、头疼病。后来人们称这种污染为光化学烟雾。1955年和1970年洛杉矶又两度发生光化学烟雾事件，前者有400多人因五官中毒、呼吸衰竭而死，后者使全市3/4的人患病。

多诺拉烟雾事件

美国宾夕法尼亚州多诺拉城有许多大型炼铁厂、炼锌厂和硫酸厂。1948年10月26日清晨，大雾弥漫，受反气旋和逆温控制，工厂排出的有害气体扩散不出去，全城14000人中有6000人眼痛、喉咙痛、头痛胸闷、呕吐、腹泻。其中有17人死亡。

伦敦烟雾事件

自1952年以来，伦敦发生过12次大的烟雾事件，祸首是燃煤排放的粉尘和二氧化硫。烟雾逼迫所有飞机停飞，汽车白天开灯行驶，行人走路都困难，烟雾事件使呼吸疾病患者猛增。1952年12月，5天内有4000多人死亡，两个月内又有8000多人死去。

水俣病事件

日本熊本县水俣镇一家氮肥公司排放的废水中含有汞，这些废水排入海湾后经过某些生物的转化，形成甲基汞。这些汞在海水、底泥和鱼类中富集，又经过食物链使人中毒。当时，最先发病的是爱吃鱼的猫。中毒后的猫发疯痉挛，纷纷跳海自杀。没有几年，水俣地区连猫的踪影都不见了。1956年，出现了与猫的症状相似的病人。因为一开始病因不明，所以该事件就用当地地名命名。1991 年，日本环境厅公布的中毒病人仍有 2248 人，其中 1004 人死亡。

骨痛病事件

镉是人体不需要的元素。日本富山县的一些铅锌矿在采矿和冶炼中排放废水，废水在河流中积累了重金属"镉"。人长期饮用这样的河水，食用浇灌含镉河水生产的稻谷，就会得"骨痛病"。病人骨骼严重畸形、剧痛，身长缩短，骨脆易折。

日本米糠油事件

1968 年，先是几十万只鸡吃了有毒饲料后死亡。人们没深究毒的来源，继而在北九州一带有 13000 多人受害。这些鸡和人都是吃了含有多氯联苯的米糠油而遭难的。病人起初眼皮发肿，手掌出汗，全身起红疙瘩，接着肝功能下降，全身肌肉疼痛，咳嗽不止。这次事件使日本西部陷入恐慌中。

印度博帕尔事件

1984 年 12 月 3 日，美国联合碳化公司在印度博帕尔市的农药厂因管理混乱，操作不当，致使地下储罐内剧毒的甲基异氰酸酯因压力升高而爆炸外泄。45 吨毒气形成一股浓密的烟雾，以每小时 5000 米的速度袭击了博帕尔市区。死亡近 2 万人，受害 20 多万人，5 万人失明，孕妇流产或产下死婴，数千头牲畜被毒死，受害面积约 40 平方公里。

2. 讨论提纲

根据上面的事件，讨论我们应该如何与大自然和谐相处。

三、做一个引领

（1）为什么我们要治理污染？

（2）污染对工作、生活有什么影响？

（3）污染对自己、对他人、对社会、对国家有什么影响？

四、做一件小事

为保护环境，每个学生做一件小事情。

五、写一篇反思

我们平时生活中有哪些污染环境的事情？

六、搜集一个案例

搜集一个关于污染的案例。

第五课　敬畏自然天地和

一、说一说自然

人，栖居在大地上，来自泥土，也归于泥土，大地是人的永恒家园。如果有一种装置把人与大地隔绝开来，切断了人的来路和归宿，这样的装置无论多么奢华，算是什么家园呢？

人，栖居在天空下，仰望苍穹，因惊奇而探究宇宙之奥秘，因敬畏而感悟造物之伟大，于是有科学和信仰，此人所以为万物之灵。如果高楼蔽天，俗务缠身，人不再仰望苍穹，这样的人无论多么有钱，算是什么万物之灵呢？

人是自然之子，在自然的规定范围内，可制作，可创造，可施展聪明才智。但是，自然的规定不可违背。人不可背离土地，不可遮蔽天空，不可忤逆自然之道。老子曰："人法地，地法天，天法道，道法自然。"此之谓也。

大自然的启示：

（1）风从水上走过，留下粼粼波纹；阳光从云中穿过，留下丝丝温暖；岁月从树林走过，留下圈圈年轮，朋友，我们从时代的舞台上走过，留下了什么呢？

（2）天空收容每一片云彩，不论其美丑，所以天空宽阔无边。大地拥抱每一寸土地，不论其贫富，所以大地广袤无垠。海洋接纳每一条河流，不论其大小，所以海洋广阔无边。

（3）要装进一杯新泉，你就必须倒掉已有的陈水；要获取一朵玫瑰，你就必须放弃到手的蔷薇；要多一份独特的体验，你就必须多一份心灵的创伤。

（4）冬天的河干涸了，我相信，春水还会来临，那时白帆就是我心中的偶像；风中的树叶凋零了，我相信，泥土里的梦将在枝头开花结果。

（5）是一丛秋菊，也要散发芳香；是一片秋叶，也要装点大地；是一株古柏，也要撑起蓝天；是一眼古井，也要流出清泉。

（6）远去的飞鸟，永恒的牵挂是故林；漂泊的船儿，始终的惦记是港湾；奔波的旅人，无论是匆匆夜归还是离家远去，心中千丝万缕、时时惦念的地方，还是家。

（7）成熟的麦子低垂着头，那是在教我们谦逊；一群蚂蚁能抬走大骨头，那是在教我们团结；温柔的水滴穿岩石，那是在教我们坚韧；蜜蜂在花丛中忙碌，那是在教我们勤劳。

（8）岩石下的小草教我们坚强，峭壁上的野百合教我们执着，山顶上的松树教我们拼搏风雨，严寒中的蜡梅教我们笑迎冰雪。

（9）因为有志，小溪汇成了大海；因为有志，枯枝盼到春的绿叶；因为有志，人类助长了山峰的高度。让我们站在地平线上，构筑我们的梦想吧，因为我们有志，并会为梦想拼搏，我们将会是大海、绿叶，站在山顶的那个就会是我们。

（10）泥土的味道是苦涩的，海水的味道是苦咸的，树林中清新的空气也有着一丝苦津津的味道。这苦的大自然，孕育了人们交织着各种苦痛的心灵。广袤的土地，浩瀚的海洋，辽阔的天空，了无际涯的心灵，构成了我们这个世界。

（11）百花争艳的春天是充满活力的季节，烈日暴晒的夏天是富有热情的季节，瓜果飘香的秋天是极具魅力的季节，白雪飘飘的冬天是最富遐想的季节。

（12）太阳无语，却放射出光辉；高山无语，却体现出巍峨；大地无语，却展示出广博。

（13）我们不做屋檐下叽叽喳喳的麻雀，要做搏击蓝天高瞻远瞩的雄鹰；我们不做路边随风摇摆的小草，要做高山根深叶茂顶天立地的苍松；我们不做山沟里易涨易退的小溪，要做寒暑不变的一望无涯的沧海。

（14）也许，你站不成巍峨的高山，但你依然可以挺立成一棵青松或一枝秀竹，为生命添一分绿意，增一道风景。也许，你升不成光芒万丈的太阳，但你依然可以升成一轮皎洁的月亮或一颗微弱的星辰，为大地添一分光明，增一分热量。也许，你装扮不成雍容华贵的牡丹，但你依然可以长成一朵野花或一棵小草，为人类添一缕芳香，增一分活力。

（15）见到满天的细雨，你只要无愧地做雨中飘落的一滴，虽是一滴，却能滋润大地；见到延伸的道路，你只需无愧地做石子中平凡的一枚，虽是一枚，却能支撑前进的步伐；见到美丽的花园，你只需无愧地做花朵中平凡的一朵，虽是一朵，却能增添色彩；见到宽广的大海，你只要无愧地做鱼儿中欢快的一只，虽是一只，却能演绎生机。

二、谈一点惩罚

热带雨林大面积被烧毁，二氧化碳让地球变热

在巴西的容多尼亚州，牛羊在一片荒芜的牧场上游荡，这是许多大片的亚马孙热带雨林被毁后的一幕。亚马孙热带雨林被人为地烧毁以改建农场，在21世纪的前五年，

巴西烧毁的热带雨林面积相当于英格兰和威尔士国土面积的总和。科学家认为，燃烧雨林相当于增加了 17% 的温室气体排放量，可以吸收二氧化碳的树木越来越少，使得地球气温不断上升。

气温上升，冰山融化，海平面上升

2007 年 10 月，一个冰山从大冰川（因形状像猪，人们称之为猪冰川）分离出来。在过去 20 年中，这个巨大的冰川已缩小为原来的 1/40，这只是一个缩影。南极洲拥有足够的冰，如果全部融化可使全球海平面升高 57 米。联合国政府间气候变化专门委员会预计，由于温室效应，气温上升，到 2100 年由于冰山融化海平面将上升 20~80 厘米。

人口增长迅速，垃圾山"围困"人类

2008 年，一个女孩将一盘芒果顶在头上，站在尼日利亚首都拉各斯的奥卢撒松垃圾山上。这是非洲最大的垃圾山，每天有 2400 吨垃圾从拉各斯运往这里。当时，拉各斯的人口已增至 15 年前的三倍，但是基础设施的增加无法与人口增长相平衡，1000 多个居住地被大大小小的垃圾山围困。这样的情形在世界各地都存在着，垃圾山开始围困人类原本美丽的家园。

水资源缺乏，旱灾严重

在新南威尔士，一只袋鼠死在理查德·沃克的农场。2006 年夏季，澳大利亚经历了千年一遇的旱灾。南澳大利亚的降雨量是自 1900 年以来最少的，然而气温是自 1950 年以来最高的。澳大利亚许多地区正在经历持续五年的干旱，农作物歉收，家畜死亡。在悉尼，如果哪户人家被发现用水浇花园，将被处以 220 美元的罚款。而旱灾还在世界各地威胁着人类的生存，欧洲和美洲正在经历有史以来最大的旱灾，2007 年，中国原本水量充足的长江沿岸也遭受罕见的旱灾。

空气污染，沙尘肆虐

一名男子在天安门广场上放风筝，但空中灰蒙蒙的。为了奥运会的成功举办，中国政府在奥运会举办前一个月，关闭了数家燃煤发电厂、水泥厂和化工厂。此外，在奥运会举办期间，限制了逾 100 万辆汽车驶上首都街道。中国政府在节能减排方面为发展中国家做出了榜样，与此同时，亚洲各地也遭受了历史上次数最多的沙尘暴袭击，甚至连欧洲和美洲也不同程度遭遇沙尘暴袭击。

水污染严重，生存条件面临挑战

一名养鱼工人正在清理成千上万的死鱼，很心痛。这是 2007 年 7 月发生在中国湖北某地的一幕。炎热的天气和未经处理的工业废水造成大约 50000 公斤的鱼死亡。科学家称，由于干旱、人口增长和工业的蓬勃发展，造成水资源被污染的问题越来越严重。原本就缺乏的水资源问题变得更加严重，一些国家和地区在缺水的同时，还面临水被

污染的严峻挑战。在亚洲和非洲等发展中国家，这个问题尤为突出。

【思考】

（1）说说我们的恐惧。

（2）为什么说人类是在自己害自己？

三、做一个引领

（1）人定胜天是鬼话，人，是没有办法战胜大自然的。敬畏天地，我们要做些什么？

（2）科学永远不可能驾驭大自然，只有利用自然爱护自然，才能得到自然的恩惠。

四、做一个调查

写一个大自然惩罚人类的报告。

五、搜集一个案例

搜集一个关于污染危害的案例。

第六课　两个黄鹂鸣翠柳

一、说一说动物

- 枯藤老树昏鸦，小桥流水人家，古道西风瘦马。
- 江碧鸟逾白，山青花欲燃。
- 无可奈何花落去，似曾相识燕归来。
- 云中谁寄锦书来，雁字回时，月满西楼。
- 两个黄鹂鸣翠柳，一行白鹭上青天。
- 我居北海君南海，寄雁传书谢不能。
- 蝉噪林逾静，鸟鸣山更幽。
- 西塞山前白鹭飞，桃花流水鳜鱼肥。
- 昆山玉碎凤凰叫，芙蓉泣露香兰笑。
- 感时花溅泪，恨别鸟惊心。
- 青鸟不传云外信，丁香空结雨中愁。
- 晚日寒鸦一片愁，柳塘新绿却温柔。
- 千山鸟飞绝，万径人踪灭。
- 鸟宿池边树，僧敲月下门。
- 鸟向平芜远近，人随流水东西。
- 池上碧苔三四点，叶底黄鹂一两声。
- 黄鹤一去不复返，白云千载空悠悠。
- 众鸟高飞尽，孤云独去闲。
- 几处早莺争暖树，谁家新燕啄春泥。
- 秋风起兮白云飞，草木黄落兮雁南归。
- 漠漠水田飞白鹭，阴阴夏木啭黄鹂。
- 燕子来时新社，梨花落后清明。
- 塞下秋来风景异，衡阳雁去无留意。
- 千里莺啼绿映红，水村山郭酒旗风。
- 白发悲花落，青云羡鸟飞。

- 细雨鱼儿出，微风燕子斜。
- 秋风萧瑟天气凉，草木摇落露为霜。
- 万壑树参天，千山响杜鹃。
- 江涵秋影雁初飞，与客携壶上翠微。
- 残星几点雁横塞，长笛一声人倚楼。
- 黄昏庭院柳啼鸦，记得那人，和月折梨花。
- 千里黄云白日曛，北风吹雁雪纷纷。
- 沙上并禽池上暝，云破月来花弄影。
- 宫女如花满春殿，只今惟有鹧鸪飞。
- 江雨霏霏江草齐，六朝如梦鸟空啼。
- 槛菊愁烟兰泣露，罗幕轻寒，燕子双飞去。
- 月出惊山鸟，时鸣春涧中。
- 月黑雁飞高，单于夜遁逃。
- 芳树无人花自落，春山一路鸟空啼。
- 莺初解语，最是一年春好处。
- 飘飘何所似，天地一沙鸥。
- 孤雁不饮啄，飞鸣声念群。
- 燕子不归春事晚，一汀烟雨杏花寒。
- 十里青山远，潮平路带沙。数声啼鸟怨年华。

二、讲一讲故事

1. 敲一个警钟

国家保护野生动物及其生存环境，禁止任何单位和个人非法猎捕或者破坏！

国家对珍贵、濒危的野生动物实行重点保护。国家重点保护的野生动物分为一级保护野生动物和二级保护野生动物。国家重点保护的野生动物名录及其调整，由国务院野生动物行政主管部门制定，报国务院批准公布。

地方重点保护野生动物，是指国家重点保护野生动物以外，由省、自治区、直辖市重点保护的野生动物。地方重点保护的野生动物名录，由省、自治区、直辖市政府制定并公布，报国务院备案。

2. 讨论提纲

保护小动物，我们该怎么做？

三、做一个引领

（1）你伤害过小动物吗？
（2）你拯救过小动物吗？
（3）你们家里养过宠物吗？

四、做一个调查

调查本地动物的生存环境。

五、写一篇反思

反思一些人虐待小动物的行为。

六、搜集一个案例

搜集一个关于动物的案例。

后 记

　　永安中学于 2017 年 11 月 14 日被定为"重庆市立德树人特色项目实践研究基地"，全校师生倍受鼓舞，同时深感责任重大。于是全校教师一面致力理论学习，一面付诸实践，把教学活动中的点滴经验、体会积累起来，聚沙成塔，集腋成裘，涓涓细流汇聚成滔滔江河，《责任催我成长》应运而生。她的诞生得到了重庆市教科院专家、奉节县有关领导的热情帮助和大力支持。我们特别感谢苏飞跃（重庆市教科院院长助理，重庆市教育学会教育专委会理事长）、杨昌弋（重庆市教科院德育所副所长，重庆市教育学会教育专委会副理事长）、陈志（南岸区教师进修学院原工会主席，重庆市教育学会教育专委会副理事长，重庆市西南教育发展研究院院长）、曹贤和（奉节县教师研修中心主任）、周业勤（奉节县教育委员会德体艺科长）等同志，并在此感谢所有对本书提出修改意见、提供过帮助和支持的专家、教师和社会各界朋友。

　　本书由田树林组织领导，姚润平指导，鲁重鑫具体负责编写工作，秦德洪、刘道可、刘先荣、苏爱茜、陈胜安、毛晓丽、陈平、刘传红、姜佑文、张燚、黄新发、李素冰、熊健、王绪斌、王贞祥、陈永伟、王娅琴等参与编写与审稿工作。

　　由于时间仓促，水平有限，书中疏漏之处在所难免，恳请读者提出宝贵意见。对此，我们深表谢意。

张发轩

2019 年 12 月 6 日